汉语国际教育与跨文化交际能力培养研究

杨晶佩宜　李晓洁　著

中国书籍出版社
China Book Press

图书在版编目(CIP)数据

汉语国际教育与跨文化交际能力培养研究 / 杨晶佩宜，李晓洁著. -- 北京：中国书籍出版社，2022.6
ISBN 978-7-5068-9039-7

Ⅰ.①汉… Ⅱ.①杨… ②李… Ⅲ.①汉语－对外汉语教学－教学研究②文化交流－教学研究 Ⅳ.①H195.3 ②G115

中国版本图书馆 CIP 数据核字(2022)第 098770 号

汉语国际教育与跨文化交际能力培养研究

杨晶佩宜　李晓洁　著

丛书策划	谭　鹏　武　斌
责任编辑	彭宏艳
责任印制	孙马飞　马　芝
封面设计	东方美迪
出版发行	中国书籍出版社
地　　址	北京市丰台区三路居路 97 号(邮编：100073)
电　　话	(010)52257143(总编室)　　(010)52257140(发行部)
电子邮箱	eo@chinabp.com.cn
经　　销	全国新华书店
印　　厂	三河市德贤弘印务有限公司
开　　本	710 毫米×1000 毫米　1/16
字　　数	202 千字
印　　张	12.75
版　　次	2023 年 1 月第 1 版
印　　次	2023 年 1 月第 1 次印刷
书　　号	ISBN 978-7-5068-9039-7
定　　价	72.00 元

版权所有　翻印必究

目 录

第一章　语言、文化与跨文化交际 ………………………………… 1
　　第一节　语言学习与文化理解相辅相成 ……………………………… 1
　　第二节　跨文化交际的内涵解读 ……………………………………… 8

第二章　汉语国际教育学科的建设与发展 ………………………… 16
　　第一节　汉语国际教育的学科定位 …………………………………… 16
　　第二节　汉语国际教育的理论依据 …………………………………… 28
　　第三节　汉语国际教育的发展历程 …………………………………… 30

第三章　汉语国际教育的课程设计与优化 ………………………… 41
　　第一节　汉语国际教育的教学需求与内容分析 ……………………… 41
　　第二节　汉语国际教育的教学目标与策略 …………………………… 57
　　第三节　汉语国际教育的教学项目与教材设计 ……………………… 64

第四章　汉语国际教育中的文化教学研究 ………………………… 72
　　第一节　文化对汉语国际教育的意义 ………………………………… 72
　　第二节　文化视阈下汉语国际教育的困境 …………………………… 75
　　第三节　文化视阈下汉语国际教育的策略 …………………………… 77

第五章　汉语国际教育内容与跨文化交际能力培养 ……………… 79
　　第一节　跨文化交际下的汉语基础知识教学 ………………………… 79
　　第二节　跨文化交际下的汉语技能拓展教学 ………………………… 102

第六章　汉语国际信息化教育与跨文化交际能力培养 …………… 137
　　第一节　汉语国际教育中应用信息技术的意义 ……………………… 137

· 1 ·

  第二节 跨文化交际下汉语国际信息化教育课程设置 ……… 139
  第三节 跨文化交际下汉语国际教育数字化资源建设 ……… 143

第七章 汉语国际教育与教师跨文化交际能力提升 …………… 150
  第一节 汉语国际教师的素质与能力 ………………… 150
  第二节 跨文化交际下的汉语国际教师专业化发展 ………… 189

参考文献 ………………………………………………… 195

第一章 语言、文化与跨文化交际

学习一门语言就是学习这一门语言背后的文化,所以从某种程度上来说,汉语国际教育本身就是一种跨文化交际。全球化背景下的语言教学,早已超出了传统的语言教学环节,除了语言学习,将汉语所承载的中国文化推向世界是崭新的要求。

第一节 语言学习与文化理解相辅相成

语言是文化的载体,"语言是随着人类社会的产生而产生,随着人类社会的发展而发展,是人类社会一切领域的交际工具。作为构成社会上层建筑之一的文化,包括了一个民族的生活方式、传统习惯及思维方法。语言是这些方面的载体,是它们的一种重要符号。可以说,语言是民族文化的重要表达形式,它反映了一个民族的传统习惯和文化积累。语言与社会文化的关系是十分密切的。"因此,语言学习不但需要文化理解,而且与文化理解是相辅相成的。

一、语言与文化的关系

(一)文化和语言

1. 文化的概念

定义文化是一件非常困难的事情,它是跨文化交际研究中一个至关重要且无法回避的问题,同时,它还是一个相当复杂的问题。由于文化本身涵盖面广,且研究它的学者各自学科背景不同,他们提出了数以百计与之相关的定义。在从事跨文化交际研究的过程中我们不可避免地要进行文化对比,如果对文化的理解不同,那么对比的结果就有可能相差甚远,甚至对比的事物都可能是不同指代,因此在讨论跨文化交际的某些具体问题之前,我们首先要弄清文化究竟是什么。

目前,学术界公认的文化定义是被称为人类学之父的英国人类学家E. B. Tylor(泰勒)作出的,他所下的定义是"文化或文明,就其广泛的民族学意义来讲,是一复合整体,包括知识、信仰、艺术、道德、法律、习俗以及作为一个社会成员的人所习得的其他一切能力和习惯"。

2. 语言的概念

语言是指人类创造的一种特有的、作为人类交际工具的音义结合的符号系统,指同类生物之间由于沟通需要而制定的具有统一编码解码标准的声音(图像)信号。每个符号系统中音和义的结合是任意的,正是这种任意性,才使人们能够用有限数量的音,并根据一定的规则进行组合来表达和反映人类环境以及他们各种各样的经历与感情。

(二)语言中的文化因素

汉语三要素——语音、词汇、语法,其中的文化内涵也是深刻而丰富的。在语音方面,谐音是最突出的例证。在词汇方面,由于词汇是语言各要素中最有意义的,因而最能包含丰富多彩的文化。其实,词汇包含的文化因素远远超过了我们的想象,不用说"愚公移山""滥竽充数"这样的成语,就是许多今天司空见惯的词语也有着我们意识不到的深厚文化基础。例如,"符合"一词来源于古代的"符节"。《现代汉语词典》关于"符合"的解释是"(数量、形状、情节等)相合:符合事实/这些产品不符合质量标准"。关于"符节"的解释是"古代用作凭证的东西。用竹、木、玉、铜等制成,刻上文字或图形,分成两半,使用时将两半相合,用来检验真伪"。[1] "将在外,君命有所不受"只是一种情况,另一种情况是信使拿着

---

[1] 中国社会科学院语言研究所. 现代汉语词典[M]. 北京:商务印书馆,2016.

第一章　语言、文化与跨文化交际

一半符节传达君王的命令,只要对上了将军手中的符节,将军便会接受。由此可见,古有"符合"之物,今才有"符合"之意。汉语词汇深厚的文化意蕴由此可见一斑。

语言中蕴含着深厚的文化,而文化已渗透到语言的各个方面,不明了与一种语言相关的文化,就不可能学好这种语言。关于直接影响汉语学习的文化因素,胡明扬先生在《对外汉语教学中的文化因素》一文中进行过总结,主要有六种情况:(1)为受特定的自然地理环境制约的语汇,如"梅雨"等;(2)为受特定的物质生活条件制约的语汇,如"旗袍"等;(3)为受特定的社会和经济制度制约的语汇,如"个体户"等;(4)为受特定的精神文化生活制约的语汇,如"虚岁"等;(5)为受特定的风俗习惯和社会心态制约的表达方式,如"上哪儿去"等;(6)为受特定的认识方式影响的语言习惯,如认识事物从大到小,所以会说"中国北京王府井"等。在这六种情况之内及以外,自然还有很多具体而微的问题需要我们进一步探讨。

尼日利亚拉各斯孔子学院汉语教师王士君曾撰《海外第一课》一文,讲述了她通过汉字中的文化因素开始教授汉语课的过程。"通过第一堂课,我希望达到两个目标:让学生直观地了解汉语很有趣;消除学生的畏难心理。'汉语,不是拼音文字,而是象形文字。这种文字最大的特点是:每个字都像一幅图画。现在我写一个字,相信你们每个人都能猜到它的意思。'我在黑板上写下小篆——日,课堂竟然一片沉默。我只得进一步启发道:'我们每天都能看到它……'说到这儿,课堂响起一片呼叫:'SUN。'接着,我又写下小篆——月,这次不用启发了,学生们高呼:'MOON。'我接连写下了小篆——火、山、木、人。每一次,学生都能轻松猜出是什么字。课堂气氛开始活跃起来,每个人脸上都洋溢着兴奋。"其实,不仅正确认知汉字与文化有关,正确书写汉字也与文化有关。"休"和"体"是形近字,只差一笔,外国学生初学汉语时很容易写错,但如果让他们了解到"休"是人靠在树上休息,"体"则是身之本,由"體、躰"简化而来,就不容易写错了。

在汉语教学中,教师应当有意识地加入一些文化因素。说到文化,不能认为只有孔子、孟子和故宫、天坛才是文化。请看这样一个句子:"当人类砍倒第一棵树的时候,文明开始了;而当人类砍倒最后一棵树的时候,文明结束了。"我们能说这个句子没有文化吗?这个句子中是有不少语言点的,如反义词"开始"与"结束"、句式"当……的时候",等等。认识汉语本身的文化因素,进行汉语教学时有意识地加入一些文化因素都是很重要的,可以增强汉语教学的趣味性与哲理性,使汉语变得充满趣味,这样学生学起来也就感觉不那么难了。

(三)语言对文化的承载

语言中不但有文化,而且其重要功能之一就是承载文化,并使文化长久地流传下去。外国人学习汉语,就应该了解中国历史与中国人的文化观念,这既是学习汉语的重要目标,也会反过来促进汉语的学习。现在就以中国人普遍认同的教育观念"有教无类"与"因材施教"为例,来谈谈中国人的文化观念。

教育观念"有教无类"与"因材施教"其实是孔子的教育思想。所谓"有教无类",简言之即"教育面前人人平等"。在孔子设杏坛讲学以前,学在官府,只有贵族子弟才有受教育的权利,因为在那个"学而优则仕"的社会,只有贵族子弟才有资格当官。到了孔子所处的春秋末期时,由于社会政治、经济、文化、教育的重心下移,个人得以开办私学。孔子抓住了这个机会,于是广收弟子,为国家培育人才,实现自己的政治抱负。孔子提出"有教无类",即认为贵族和平民只要一心向学,都可以接受教育。专心执教的孔子打破了自古以来的教育垄断,前前后后收弟子三千多人,更培养出了著名的以颜回为代表的"七十二贤士",这些人来自鲁、齐、晋、宋、陈、蔡、秦、楚等诸多国家,并成长为高官栋梁。孔子"有教无类"思想的实施扩大了教育的社会基础和人才来源,对全体社会成员素质的提高起到了积极的推动作用,在中国教育发展史上具有划时代的意义。所谓"因材施教",即指针对学习的人的志趣、能力等具体情况进行不同的教育。《论语·为政》中有子游问"孝"、子夏问"孝"一节:"子由问孝。子曰:'今之孝者,是谓能养。至于犬马,皆能有养;不敬,何以别乎?'子夏问孝。子曰:'色难。有事,弟子服其劳;有酒食,先生馔,曾是以为孝乎?'"朱熹集注引宋程颐曰:"子游能养而或失于敬,子夏能直义而或少温润之色,各因其材之高下与其所失而告之,故不同也。"这就是孔子"因材施教"的实例。

教育观念"有教无类"与"因材施教"由来已久,至少可追溯到孔子那个时代,而今天我们仍然可以了解它们并应用于社会生活,正是因为语言的传承。语言承载文化主要有两种方式,其一为口耳相传,其二为付诸文字,语言承载的文化,无论是口耳相传的,还是付诸文字的,都需要我们首先习得语言才能了解。现在是一个全球化的时代,各个国家和地区的人们除了通过自己的语言了解自己的文化之外,还要通过他国或地区的语言了解他国或地区的文化。在这样一个时代大背景中,语言会成为更多的文化载体,语言学习与文化理解之间的关系就更加密切了。

二、语言学习与文化理解相得益彰

(一)让外国人了解中国历史

语言是文化的载体。语言不仅有其内在系统,也有其文化意蕴、社会功能等外在因素。要学好一种语言,了解其文化背景无疑是基础;反过来,了解了相关的文化背景,会更有利于语言学习。

中国文化源远流长,过去的历史波澜壮阔,今天的国情景象万千,那么在教外国人学汉语时,让他们了解什么样的文化便成为一个非常值得探讨的问题,这恐怕还需要我们以"执简驭繁"的理念来解决。以时代思潮为例,战国时期的"百家争鸣"无疑是中国思想史上的第一个波峰,其后数千年也屡现高潮。梁启超先生曾概括说:"凡'思'非皆能成'潮',能成潮者,则其'思'必有相当之价值;而又适合于其时代之要求者也。凡'时代'非皆有'思潮',有思潮之时代,必文化昂进之时代也。其在我国自秦以后,确能成为时代思潮者,则汉之经学,隋唐之佛学,宋及明之理学,清之考证学,四者而已。"我们在汉语国际教育中向外国人介绍中国历史与文化,应当主要介绍这些传统文化的精髓,而关于当今的国情,则应向外国人展示一个生机盎然、蓬勃向上的中国。

让外国人了解中国历史,不能就事论事、因时论时,既要有长久的时间概念,又要有广阔的空间概念。季羡林先生专门阐释过这个问题:"我们过去谈论中国文化,往往就事论事,只就中国论中国,只就眼前论中国。这样做的结果只能是像瞎子摸象一样,摸不到全貌,摸不到真相。"更进一步说:"看中国文化,必须把它放在东方文化这个大框架内,放在世界文化这个更大的框架内,才能看得清楚。如果在时间和空间方面不能放开眼光,固于积习,墨守成规,则对我们祖国的优秀文化,无论如何

也是认识不清楚的。"①因此,我们让外国人了解中国历史,应注意以下几个方面:

(1)不仅要讲结果,还要讲来龙去脉。了解一个国家的历史与文化,既要知其然,也要知其所以然,这样才算是真正的了解。

(2)去粗取精,突出重点中的重点。对于外国人来说,中国历史无疑是十分庞杂繁复的学习内容,这就要求我们向外国人讲授中国历史时,要尽可能去掉可以去掉的东西,提纲挈领地介绍即可。

(3)将中国历史放在世界历史的大视野中考察,透过现象看本质。看一国历史,有时候需要跳出这个国家才能看得更清楚,既要有纵向的眼光,也要有横向的视角。"我们必须历史地了解中国,把中国的昨天、今天与明天联系起来作纵观的了解;我们必须多层面、全方位地了解中国,把东西南北中的经济、政治、文化等各个领域,以致把中国与世界联系起来作横通的了解。事实上,非如此,也不能真正了解中国。"②

(二)"厚今薄古"问题

"厚今薄古"是一种非常重要的观念,无论是审视自己的文化,还是向外国人介绍自己的文化,都应使传统文化成为推动当代文化前进的动力,这点在世界上许多国家与地区都已经成为共识。荷兰学者彼得·李伯庚在《欧洲文化史》一书中指出:"教育通过探索过去来认识现在,这是建立现代社会的必要思想基础,是任何一个社会为自己而做的好事。"如果历史的一重意义是指引当前,提供希望,它就必须在大众中确立一种信念,即我们推崇的价值的可靠性并不仅仅依赖历史的先例,而且在每天的生活里都可以验证。对于外国人来说,今天的中国应该比过去的中国更为重要,因为他们能看见的是今天的中国,要打交道的也是今天的中国人,所以我们应该把今天的中国介绍给世界。

学生能对当代中国乃至世界的热点问题有这样的认识,与他们身在中国文化之中与我们有意识地给他们的文化浸润不无关系。现在语言教学讲究"浸润式"的教学法,文化理解亦然。

---

① 廖杨脁,季羡林.神州文化集成丛书[M].北京:新华出版社,1991.
② 周有光.中国语文的时代演进[M].北京:人民文学出版社,2009.

(三)注重交流与互动

在语言学习和文化理解的过程中,交流与互动是非常重要的。因为这里所说的语言学习是外语学习,文化理解也指对外国文化的理解,所以既有跨语言交流的问题,也有跨文化交际的问题,故而重在一个"跨"字。语言是人类最重要的交际工具,但世界上的语言千差万别,据统计有数千种;同时,"不同的民族、不同的国家有不同的文化,即使同一国家的不同地区,文化也存在差异。俗话说的'百里不同俗''千里不同风'就是这个意思"。因此,我们要跨越语言的障碍,跨越文化的边界,在交流中互相理解,在互动中共同进步。这种交流与互动的重要性,已经在历史的发展中得到了充分的证明。

关于从中国到外国的状况,荷兰学者彼得·李伯庚说:"中国对世界其他文化所做的贡献,是怎样估计也不为过的。多少世纪以来,许多中国的思想和器物,从东亚经过海路,跨越沙漠,到达欧亚大陆的西部。欧洲文化在与世界其他文化的交流中,得益最多的可能就是和中国的文化联系。令人兴奋的是,1675年把孔子的《论语》首次以有韵脚的欧洲语言翻译出版介绍给欧洲大众的,是一位荷兰人彼得·范·霍恩,他在作了荷兰东印度公司派驻中国清廷的使节之后,做了这项工作。彼得·范·霍恩还着重指出:孔子的思想构成中国社会的基础,而他的思想和构成欧洲社会基础的耶稣基督的思想是协调一致的。"有时候,不同文化之间的距离并不像我们想象的那么遥远。

关于从外国到中国的状况,中国学者龙应台说:"在一百年前梁启超那个时代,知识分子谈所谓的'西学东渐'。西方的影响刚刚来到门口,人们要决定的是究竟我应该敞开大门,让它全部进来呢?还是只露出一条小小的缝,让某些东西一点点进来?在一百年后的今天,所谓'西学',已经不是一个'渐'不'渐'的问题,它已经从大门、窗子、地下水道、从门缝里头全面侵入,已经从纯粹的思想跟抽象的理论层次,深入生活里头,成为你呼吸的世界,渗透到最具体的生活内容跟细节之中了。"

第二节 跨文化交际的内涵解读

一、交际

(一)交际的定义

"交际"一词最早见于《孟子》。"万章问曰:'敢问交际,何心也?'孟子曰:'恭!'"南宋朱熹为此作注,认为:"际,接也。交际谓人以礼仪币帛相交接也。"由此可知,交际包含"交"和"接"两部分。作为一项双向性活动,其等级意味亦不明显。在英语中,"交际"可以有两种表述:一是 social intercourse,强调它的"社会性"(social);一是 communication,突出它的"交际性"。而 communication 来源于拉丁语 commonis 一词,commonis 是"共同"(common)的意思。因此,"交际"这一概念与"社会共同""社会共享"密切相关。事实表明,只有同一文化的人们在行为规范方面具有共性,或交际双方共享某文化规范,才能进行有效的交际。跨文化交际是不同主流文化的人们之间的交际,当然要求双方互相理解或遵循对方的文化,只有这样,才能保证交际达到预期目标。

语言交际在本质上属于信息传播,是一个动态的系统构成,必须具备构成系统的基本要素:首先需要有交际主源,即信息的发出者;其次要有信息的接收者。在交际主源发出信息前需要对所要表达的信息进行编码,然后通过一定的传播渠道克服各种干扰的影响传输给接收者。接收者接收到信息后对信息进行解码理解,然后向交际主源做出反馈。

(二)交际的种类

交际可分为人类交际与非人类交际。人类交际有社会交际与非社会交际之分,非社会交际即内向交际,社会交际则可细分为人际交际、组织交际和大众交际三种。

第一章　语言、文化与跨文化交际

内向交际,又称自我交际,指的是一个人自己脑子里的自我交流活动或者是自言自语,表面上看是一个人,但也是一个交际的过程,其中包括了信息的发出和接收两个方面。人际交际,即个人与个人之间的信息传播活动,也是由两个个体系统相互连接组成的信息传播系统。组织交际是指在学校、公司、工厂、军队、党派等内部的信息交际。大众交际是指职业化的传播机构利用机械化、电子化的技术手段向不特定的多数人传送信息的行为或过程。

人际交际、组织交际和大众交际在手段、规模、空间、周期、角色、反馈以及符号的运用方面存在许多差异,如表1-1所示。

表1-1　人际交际、组织交际和大众交际的差异

	人际交际	组织交际	大众交际
手段	亲身媒介	亲身＋大众媒介	大众媒介
规模	少数人	特定、较多数人	不特定、多数人
空间	小	中	大
周期	不规则	较规则	规则
角色	随时交换	有所规定	基本固定
反馈	灵活	略微困难	十分困难
符号	不规范	较规范	规范

(三)交际模式与跨文化交际的关系

交际是以什么方式来运作的,就是交际模式的问题。最早对交际模式进行阐述的是美国政治学家哈罗德·拉斯韦尔,他提出了"5W"模式①,如图1-1所示。

---

① "5W"模式:Who(谁)、says What(说什么)、in What channel(通过什么渠道)、to Whom(对谁)、with What effects(得到什么效果)。

传者 → 信息 → 媒介 → 受者 → 效果

图 1-1　传播的"5W"模式

这个模式简明扼要地把交际的过程直观地表现出来,人们据此可以进行交际发出者研究、交际内容研究、交际媒介分析、信息接受者研究以及交际效果研究等,但"5W"模式显然未能将信息接收者的反馈纳入其中。1949 年,香农(Claude Shannon)[①]等提出了另一个线性模式,拆分了媒介,增加了"信号"和干扰因素"噪音",具体模式如图 1-2 所示。

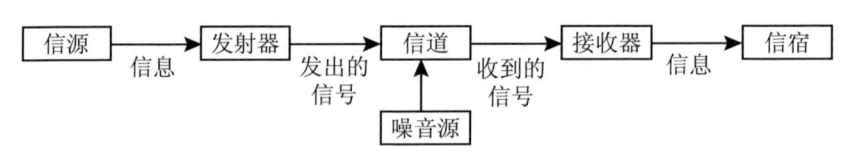

信源 —信息→ 发射器 —发出的信号→ 信道 —收到的信号→ 接收器 —信息→ 信宿
　　　　　　　　　　　　　　↑
　　　　　　　　　　　　　噪音源

图 1-2　传播的线性模式[②]

这一模式对于交际的过程虽然比"5W"模式有了更细致的分析,考虑也更周到,但是它并未根本解决线性模式的缺陷。之后,奥斯古德(Charles Osgood)[③]和施拉姆(Wilbur Schramm)[④]提出如图 1-3 所示的循环模式,将交际视作一个交互的过程。

研究交际模式对于我们深入了解跨文化交际有重大的意义。从交际的过程我们可以看出编码和译码是两个最容易出问题的环节。即使在具有相同的语言和文化背景的人们之间进行交际也可能出现编码和译码不一致的情况,在不同文化背景的人们进行交际时自然更容

---

① 克劳德·艾尔伍德·香农(Claude Elwood Shannon,1916—2001),美国数学家,信息论创始人,信息熵概念的提出者,著有《通讯的数学原理》《噪声下的通信》。

② 阮桂君. 跨文化交际与实践[M]. 武汉:武汉大学出版社,2017.

③ 查尔斯·奥斯古德(Charles Osgood,1916—1991),美国心理学家,学习迁移模型的提出者,致力于学习理论及其实验研究,其创立的语义分化法被广泛应用于人格、临床以及职业选择中,著有《实验心理学方法》《心理语言学:理论与问题研究》。

④ 威尔伯·兰·施拉姆(Wilbur Lang Schramm,1907—1987),美国"传播学鼻祖""传播学之父",把美国的新闻学与社会学、心理学、政治学等其他学科综合起来进行研究,从而创立了一门新学科——传播学,著有《大众传播学》。

易出现误解。例如,美国人表示友好这一信息时可以说:"We must get together soon."(我们得很快聚聚)并没有邀请对方吃饭的意思,也就是说他编码时使用的符号并没有邀请的含义,但是一个不了解美国文化的中国人在译码时却常常会得出邀请的信息。又如,中国人在表达问候的信息时,可以就对方正在做的事情提问,可以根据不同情况把它编码成"写信呢?""看电视呢?""出去呀?"中国人在解码时一般不会发生差错,不会认为这是实质性的问题,把这些形式上的问题只理解为对于自己的关心,但是不了解中国文化的西方人士听到这些话时,在译码过程中难免会将结果理解成干涉他的私事。

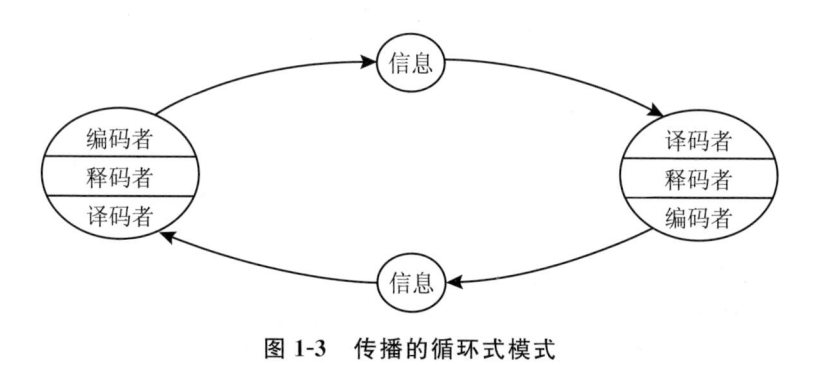

图 1-3　传播的循环式模式

二、跨文化交际

(一)跨文化交际的界定

跨文化交际是指不同文化背景的信息发出者和信息接收者之间的交际。从心理学的角度讲,信息的编码、译码是由来自不同文化背景的人所进行的交际。在英语术语 Intercultural Communication 的汉译中,语言学界和外语教学界多译为"跨文化交际";心理学界多译为"跨文化沟通";传播学界多译为"跨文化传播"或"跨文化传通";文化人类学界则常译为"跨文化交流"。

(二)跨文化交际学的发展历程

1. 20世纪60年代跨文化交际学的起源

第二次世界大战后的美国成为跨文化交际研究的发源地,主要是因为其经济快速发展,成为唯一的军事及经济大国,这时的美国成为具有多样性的多元文化社会,对外交往、日常生活都必不可少地对跨文化交际进行关注。而对于跨文化交际学,人们普遍把爱德华·霍尔(Edward Hall)的《无声的语言》(The Slient Language)看成跨文化交际学的开端。霍尔(Hall)首次在《无声的语言》中提出"跨文化交际学"这一概念,标志着跨文化交际学的创立。霍尔(Hall)首次使用了 Intercultural Communication(跨文化交际)这个词,在书中他对文化与交际的关系给予了关注,并对时间、空间与交际的关系进行了深入探讨。

2. 20世纪70年代跨文化交际学正式成为传播学分支

1970年,跨文化交际学正式成为传播学的一个分支,这体现在:成立了各式独立的研究协会;第一届跨文化交际学会的召开;学术刊物与著作的发表;大学跨文化交际课程的出现。20世纪70年代的跨文化交际成为一个学术界重视的论题,具有多学科的性质,对其影响较大的是人类学、心理学和传播学,并逐步引入其他学科中。

3. 20世纪80年代新理论、新模式的产生

20世纪80年代的跨文化交际有了进一步的发展,其领域已经拓展到社会语言学、语言人类学以及各种跨文化培训。在欧洲,跨文化交际学被确立为一门独立的学科。

4. 现阶段新趋势

现阶段的跨文化交际学较为重视学科理论与研究方法的讨论,对理论的充实以及对跨学科的运用成为现阶段跨文化交际研究的主流。

(三)构成跨文化交际能力的要素

美国教育心理学家本杰明·布鲁姆(Benjamin Bloom)提出跨文化交际能力由态度(attitude)、知识(knowledge)与技能(skill)构成。

跨文化交际能力概念中所包含的"态度",主要是指对交际对象不同于自我的观念、价值观与行为的看法和表现。为达到互相沟通的目的,交际者需要对交际对象的社会文化持有好奇与开放的心态,有意识地发现其他文化的特征,并主动通过与交际对象的接触与社交加深对他们的认识。

交际场合需要的社会文化知识包括两方面:一是本人与交际对象的国家或民族的社会文化知识;二是在交际过程中如何根据实际需要恰如其分地运用已学的社会文化准则控制交际进程的知识。

学习者需要掌握的社会文化技能包括两方面:第一种技能是在接收信息以后,根据已掌握的社会文化知识对信息进行分析,以达到理解与说明的目的;第二种技能是在此基础上发现新信息,将它们连同第一种技能处理的(即已理解的)信息一起提供交际使用。这两种技能的结合使已掌握的社会文化知识得以运用到交际中。

(四)造成跨文化交际障碍的几种情况

造成跨文化交际障碍的情况主要包括以下几方面:

1. 刻板印象

刻板印象的定义:对一群人过度简单、过度概括或夸张的看法。
刻板印象的特征:以最明显的特征加以归类。
刻板印象可能是基于事实的一种陈述,但是因为过度的简化与夸张,结果往往扭曲了事实,而且大部分变成了负面的印象,常常形成跨文化沟通的障碍。

2. 文化偏见

文化偏见的定义:偏见是以事先所作出的决定或先前的经验为基础

的判断,文化偏见是对某一群体文化持否定的态度。

著名语言学家范迪克(Van Dijk)认为,偏见是一种态度,偏见是针对一群人的态度,偏见对自我族群提供社交性的功能,偏见是一种负面的评断,如种族歧视、制度歧视、人身攻击、灭族等。在影片《撞车》中,黑人小伙安东尼不断地向他的伙伴彼得灌输他从各种小事中发现的种族歧视;在餐厅吃饭时,黑人要比白人多等上几倍的时间,黑人服务员热情地为白人顾客服务,但白人对黑人很冷淡等。

3. 民族/群体中心主义

民族/群体中心主义的定义:民族/群体中心主义是对交际影响较大的一种心理因素,是人类在交际过程中的普遍现象。

人们会无意识地以自己的文化作为解释和评价别人行为的标准,习惯把自己的文化当作观察别人行为的窗口,其结果是会无意识地认为自己的行为是正确的,或是有道理的。民族/群体中心主义会导致交际失误,甚至会带来文化冲突。美国社会学家威廉·萨姆纳(William Graham Sumner)认为,民族/群体中心主义是指某个民族把自己当作世界的中心,把本民族的文化当作对待其他民族时的参照系,以自己的文化标准来衡量其他民族的行为。民族/群体中心主义认为自己民族或群体的价值观念、社会规范、社会语言规则等要比其他民族或群体更加真实和正确。可以说,世界上任何民族、任何文化、任何群体的成员都常常不自觉地表现出不同程度的民族/群体中心主义。

4. 刻板印象、文化偏见、民族/群体中心主义与跨文化交际的关系

刻板印象、文化偏见、民族/群体中心主义常常阻碍跨文化交际的发生,尤其是文化偏见和民族/群体中心主义,它们成为跨文化交际的消极因素,把跨文化交际的效果降到最低程度。当文化偏见和民族/群体中心主义非常强烈的时候,人们会在交往中用言语或非言语行为表示对其他群体的厌恶,从而导致公开的对抗和冲突。美国心理学家奥尔波特和埃米尔认为消除文化偏见和民族/群体中心主义的方法是:在交往中建立平等的地位,建立共同的目标,相互合作而不是竞争;在尊重彼此法律和习俗的基础上互相交往;亲密而不是表面上的接触;产生令人愉快而有益于双方的成果;共同参与重要活动;创造有利的社会气氛等。

(五)培养跨文化交际能力的重要性

跨文化交际能力是在理解、掌握外国文化知识与交际技能的基础上,灵活处理跨文化交际中出现问题的能力,通过对文化态度、文化观念以及跨文化交际心理的探讨,形成平等、尊重、宽容、客观的跨文化观念。

21世纪人才必备的一项能力就是跨文化交际能力,随着经济全球化、多元文化、国际活动和国际合作与交流的发展,培养跨文化沟通能力显得十分重要。

第二章　汉语国际教育学科的建设与发展

汉语国际教育在我国对外发展中占据重要地位,历经多个阶段的发展,汉语国际化也成为新时代社会建设的里程碑。汉语国际教育学科从对外汉语走向汉语国际教育,从汉语国际教育进入汉语国际传播阶段,汉语教育也从语文教学以及第二语言教学中独立出来,注重汉语自身的发展,面向不同层次的学习者构建相应的教学体系。

第一节　汉语国际教育的学科定位

一、汉语国际教育的专业名称与特征

(一)汉语国际教育的专业名称

教育部《普通高等学校本科专业目录(2012年)》正式将使用了近30年的本科专业名称"对外汉语"更名为"汉语国际教育",新目录的印发实施是关系到我国高等教育改革与发展的一项带有基础性、全局性、战略性的重要举措,关系到教育资源的配置和优化,对于提高人才培养质量、促进高等教育与经济社会的紧密结合,都具有十分重要的意义。

"对外汉语"的更名,为充分考虑了目前汉语作为第二语言教学的实际情形后作出的因时顺势之举。中国的对外汉语教学开始于20世纪

第二章　汉语国际教育学科的建设与发展

50年代,作为在国内进行的对外国人的汉语教学,"对外汉语"之名贴切而恰当。随着20世纪80年代后改革开放不断深入,特别是20世纪90年代后中国语言文化走向世界的步伐加快,"对外汉语"之名也受到了越来越多的质疑,因为"'对外汉语教学'的确切涵义是'对外国人的汉语教学',英文直译应当是 The teaching of Chinese to foreigners。外国人在他们本国进行汉语教学不是教外国人,所以就不能叫作'对外汉语教学'"。而"汉语国际教育(Teaching Chinese to the Speakers of Other Languages)"是指"面向母语非汉语者的汉语教育、教学,包括世界各地的国际汉语教学和中国国内的对外汉语教学",内涵与外延均有了明显变化。

汉语国际教育的对象是母语非汉语者。"母语非汉语者"本身是个较难把握的概念范畴,这主要涉及对"母语"的认识,以及母语与第一语言的关系。根据全国科学技术名词审定委员会2011年公布的《语言学名词》:"母语"(mother tongue)是"人在幼儿时期自然习得的语言。通常是第一语言"。"第一语言"(first language)是"人在幼儿时期自然习得的第一语言。通常是母语"。[①] 这里"母语"与"第一语言"的概念已近乎相同,但二者命名的着眼点是明显有异的:母语相对突出了族属血缘的联系,而第一语言则强调学习时间的先后。从汉语国际推广的实际出发,我们更倾向于将定义中的"母语"明确理解为"第一语言",因为这更吻合当今海外汉语教学的实际情况:教学对象既包括孔子学院等教学机构所面向的、当地主流社会中的异族群体,也包含华人社区周末中文学校等所面向的当地华人群体。狭义理解的"母语非汉语者",易于忽视在海外出生并渴望掌握本族或祖籍国语言文化的数千万海外侨胞,而他们也理应置于汉语国际教育的范畴之内。

汉语国际教育的内容包括汉语教育、教学。从严格意义上说,汉语教育已包括了汉语教学,此处析出"教学"且与"教育"并列出现,其主要原因还是对汉语国际教育的核心内容当为汉语教学的着意强调。同时,"教育"的内涵较之"教学"也要丰富许多,可以涵盖汉语教学和文化传播等多个方面,更加切合当前中国语言文化在世界各地推广传播的实际。

---

① 语言学名词审定委员会. 语言学名词[M]. 北京:商务印书馆,2011.

"汉语国际教育"专业名称的调整确定,不仅适应了汉语国际教育的新形势,也与2007年即开始招生的"汉语国际教育硕士专业"实现了名称上的顺利对接,标志着汉语国际教育专业的发展逐步走向规范、成熟。需要指出的是,仅就"汉语国际教育"这一表达而言,本身则有事业和专业之别。作为一般意义上的"汉语国际教育",是推进我国国际交流合作事业的一个重要方面;而作为学科专业的"汉语国际教育",则是为适应国际交流合作需要培养和输送从事汉语国际教育事业专门人才的学科。

(二)汉语国际教育的专业特征

汉语国际教育是一个起步较晚却又发展快速的专业,只有牢牢把握专业的基本特征,并根据其专业特征科学制订人才培养方案,才能扎实有效地推动专业的不断进步和发展。

汉语国际教育专业的基本特征可以通过三个关键词来理解,即:作为专业基础的"汉语"、凸显专业特色的"国际"、表现专业目标的"教育"。而基于专业特征所设计的人才培养方案和采取的具体教学方法,则可视为实现汉语国际教育人才培养目标的基本途径。

制订人才培养方案的关键是科学设计学生获取专业知识和训练基本技能的课程体系。对于汉语国际教育专业而言,学生的专业基础知识和技能大体包括了两个主要方面:一是对汉语言知识和相关中国文化知识的学习和理解,二是对如何传授这些语言文化知识的教学技能的把握和运用。一般而言,对本民族语言文化知识的掌握是提高全民语言文化素养的重要方面,并不限于专业范围,但对于从事中国语言文化教学,特别是将承担汉语国际推广重任的汉语国际教育专业的未来人才,在知识掌握的系统性和深入性方面要求必须更高;至于在中国语言文化知识掌握基础上的技能培养,则必须通过对学生进行专业技能训练,要采取科学有效的方法,使学生学有所长,术有专攻,逐步获得从事汉语国际教育所需的经验和能力,从而成为合格的汉语国际教育工作者。汉语国际教育课程体系的设计,正是根据学生专业基础知识和基本技能培养的需要来确定的。

把握汉语国际教育的特色是实现专业人才培养目标的根本。汉语国际教育专业的特色就是"国际性",外向型、复合型则为本专业人才培养的基本要求。本专业可以说"亦土亦洋,亦内亦外,亦博亦专",有着自己独特的专业内涵与特色。"土"与"洋"是由教育对象和教育内容所规定的:专业的直接受教育者一般为中国本土学生,所接受教育的主要内容也是根植于中国本土的语言文化,而受教育者所承担的历史使命却是传播中国的语言文化于五大洲的异域"洋"人,是要成为向世界展示五千年中华文明的友好使者;"内"与"外"是由施教范围与施教区域所限定的:"内"即在中国本土进行的"对外汉语教学"以来华留学生教学为主体,"外"即离开中国本土的汉语国际教育,以遍布全球的孔子学院教学和世界华文教育为代表;"博"与"专"是由学生专业知识拥有的广度与擅长的程度所体现的:从事汉语国际教育工作需要广博的中国语言文化知识,要成为一定意义上的百事通、中国通,但同时又要具有某些专长特长,要能成为某方面的专家、行家。

"教育"对于汉语国际教育专业而言,可以理解为一种专业指向与使命。教育是培养人的活动,是传递人类文明、沟通古今中外、促进社会发展的重要途径,而汉语国际教育专业的培养目标明确与国际汉语教师职业相衔接,主要任务即为培养具有扎实的中国语言文化基础、拥有广阔的国际视野、可以从事中国语言文化传播工作、推动人类社会和谐进步的专门人才,因此教学、教育能力的多方位、高标准要求,理当成为专业培养的重中之重。"多方位"是强调人才培养的不拘一格,应该注意从汉语国际教育的广泛需求与世界风云复杂多变的实际情况出发,努力培养出具有较强适应能力和应变能力的专业人才,而"高标准"则反映了汉语国际教育专业对优质人才培养的目标追求,那就是必须志存高远,精益求精,将提高人才培养质量作为专业发展的基础和核心。

二、汉语国际教育的类型

(一)基于施教主体角度的分类

从施教主体的角度来看,我们可将汉语国际教育分为职能型汉语国际教育和授权型汉语国际教育。所谓的职能型汉语国际教育,即按照组织机构自身的职能展开延伸而进行的汉语国际教育,典型的如以高等学校为主体进行的汉语国际教育及相关学校组织的各类对外汉语教学；所谓的授权型汉语国际教育，即某一组织机构通过国家授权而展开的汉语国际教育，典型的如孔子学院（孔子课堂）及相关汉语培训机构实施的汉语国际教育，这些机构是国家依据汉语国际推广的需要将之设立起来，并授权其开展汉语国际教育活动的。

1. 职能型汉语国际教育

人才培养是学校的一项重要职能，其有不同的规格、层次和类型。在现代社会，国际学术交流、开放培养人才，既是各类学校发展的重要途径，也是学校职能的有效拓展方式。汉语国际教育作为一种人才培养活动，从一般意义上看，它更多的是高等学校在人才培养具体类型上的延伸。当然，由于汉语国际教育的特殊性（与对外汉语一样属于控制设置专业），尤其是学科知识和学科基础发展的相对不完备，国内高校在开办这一专业时更多地需要依资格进行申请（"汉语国际教育"虽然在2008年成为"中国语言文学"下设的二级学科，但并不面向本科阶段办学，仅有在研究生阶段招生的"汉语国际教育硕士"，且在2010年汉语国际教育硕士被明确定位为专业学位教育，与学术型硕士截然不同）。国家汉办首批确定了24所高校为开设汉语国际教育硕士专业学位教育的院校，其重点是通过开设汉语国际教育硕士专业学位教育，为开展对外汉语教学培养人才和师资。

2. 授权型汉语国际教育

孔子学院的汉语国际教育是典型的授权型汉语国际教育，这一组织机构是因国家汉语国际推广需要而设立的，国家授权其在海外开展汉语国际教育。孔子学院，又名孔子学堂（Confucius Institute），它并非一般意义上的大学，而是以开展汉语教学为主要活动内容的中国语言文化推广机构。严格来说，孔子学院是一个非营利性的社会公益机构，一般都是设在国外的大学和研究院之类的教育机构中，其最重要的一项工作就是给世界各地的汉语学习者提供规范、权威的现代汉语教材，提供最正规、最主要的汉语教学渠道。

(二)基于受教主体角度的分类

1. 面向非中国国籍的人群所进行的汉语国际教育

面向非中国国籍人群所进行的汉语国际教育,即面向那些不具备中国国籍的、母语非汉语者所开展的汉语国际教育。在当前的汉语国际教育中,面向海外设立的孔子学院和孔子课堂组织实施的汉语国际教育就属于这种类型。从受教对象来看,无论是孔子学院还是孔子课堂,其针对的人群大多是国外那些非中国国籍的汉语学习者。当然,我们也应该看到,在孔子学院和孔子课堂中,不排除存在极个别的具有中国国籍的汉语学习者。

2. 面向中国国籍人群所进行的汉语国际教育

面向中国国籍人群所进行的汉语国际教育,典型的如汉语国际教育硕士专业学位教育、对外汉语教学专业教育,以及对那些业已取得中国国籍的母语非汉语者所进行的汉语教学等。从汉语国际教育硕士专业学位教育来看,其教育对象更多的是那些已取得学士学位、有志于继续从事汉语国际教育的中国人;从对外汉语专业教育来看,其大多面向中国学生招生,旨在培养汉语国际教育师资。此外,在当前的汉语国际教育中,还存在一部分因工作、婚姻而取得中国国籍的母语非汉语的外国人,他们出于提升中文语言交际能力和中国文化理解能力的需要,进入大学课堂或孔子学院、孔子课堂接受汉语学习,这也属于汉语国际教育。

(三)基于动作发生地的分类

汉语国际教育是一种面向海外母语非汉语者的汉语教学活动,其强调的是"海外母语非汉语者"这一受教对象。整个汉语国际教育的动作,既可以在中国区域内进行,也可以在非中国区域内进行。故从动作的发生地来看,汉语国际教育又可分为在中国区域内进行的汉语国际教育和在非中国区域内进行的汉语国际教育两类。

1. 在中国区域内进行的汉语国际教育

在中国区域内进行的汉语国际教育,如当前国内高校中普遍存在对来华留学生进行的汉语(文)教学活动。严格来说,除高校外,在中国区域内还存在以汉语言培训机构、各类留学机构为主体对海外母语非汉语者进行的汉语教学活动。

2. 在非中国区域内进行的汉语国际教育

在非中国区域内进行的汉语国际教育,如当前世界范围内多有存在的各类孔子学院和孔子课堂,即只要是动作发生地在非中国区域内,具备汉语国际教育基本构成要件的汉语教学活动都可以归入此列。显然,这种分类与前面提到的基于施教主体的汉语国际教育分类有很大程度上的相似,但区别两者的核心之处在于前者着重考查动作由谁发出,而后者着重考查动作在何处发生。

(四)汉语国际教育的其他分类

在汉语国际教育的内容上,《孔子学院章程》的服务对象明确提出"为社会各界各类人员特别是汉语教师提供汉语教学服务,开设继续教育类非学历、应用性汉语学习课程;为国外大、中、小学生提供汉语教学服务,开设专业汉语和公共汉语学习课程;为研究中国问题的学者和机构服务"。由此来看,汉语国际教育是一个囊括初等教育到中等教育,甚至是到中等后教育的完整教育体系,即汉语国际教育注重的是汉语(文)的国际传播,而非限定于某一层次或领域的汉语(文)教育。汉语(文)是一个复杂的、多层次的概念,其包括字形、字音、字意、文章、语言学、汉语文化学等,其既可以在初等教育层次开展教学和学习,亦可在中等教育层次开展教学和学习,甚至还可以在高等教育层次(中等后教育层次)开展教学和学习。

在汉语国际教育的层次上,它既可以是基础的汉语学习和语言培训,也可以是较高层次的汉语文学习和汉语文化学习研究,这些都可以纳入汉语国际教育的不同层次中加以展开。具体来说,在办学层次上,汉语国际教育可以囊括简单语言培训和汉语文学习的任何层次;

在培养层次上，汉语国际教育既可以是学前的、初级的汉语学习，也可以是中等、高等的汉语学习，可以是非学历教育，也可以是授予学位的学历教育。

在汉语国际教育的形式上，它既可以是专门性质的学校，进行专门的汉语（文）教学，也可以是纯粹的汉语培训机构，进行简单的汉语应用性学习；既可以将汉语学习和汉语文化教育融入具体的"专业"中加以开展，也可以将其渗透到大学课堂的学习中；既可以是正规的有组织的学校教育，也可以是贯穿于个体一生发展的终身教育。从这一意义上看，汉语国际教育可以不拘泥于任何特定的形式来进行，我们甚至还可以将汉语国际教育看作一种终身教育来进行规划发展。

在汉语国际教育的承载主体上，任何教学活动都需要一定的载体，而离开这种载体，教学活动本身就无法开展，如党校作为各级领导干部培训的载体，MBA作为企业经理人培训的载体等。作为一种以汉语（文）为基础的教学活动，汉语国际教育需要借助一定的载体来加以展开。以汉语国际教育载体作为一种分类标准，我们可以将汉语国际教育分为以高等学校为主要载体的汉语国际教育和以非高等学校为主要载体的汉语国际教育。

在如上一些分类的基础上，考虑到汉语国际教育内容的复杂性和形式的宽泛性，我们还可以根据受教育对象的年龄来划分，例如汉语国际教育的受教育对象既可以是成年人，也可以是未成年人。当然，无论坚持何种汉语国际教育分类，其都仅是汉语国际教育在理论研究上的一种表现形式。在实践中，汉语国际教育的形式、类型、规格是相互联系、无法割裂的。

三、汉语国际教育的学科定位与争论

学科定位，是指某一学科在众多学科中的位置，也就是科学地确定它的门类归属问题，通常是由该学科的研究内容、任务和性质所决定的。学科定位问题之所以需要探讨，是因为它决定学科的发展方向。

对外汉语教育由于它研究内容的特殊性，也由于它是一门综合交叉学科，受到多种学科理论的影响，因而在学科定位的问题上，多少年来一直存在不同的看法和争论。

(一)"小儿科"论

20世纪六七十年代,汉语国际教学曾被看作教外国人说中国话,教"人、手、足、刀、尺"等简单文字的"小儿科",认为"是个中国人就能教汉语",不承认这是一门学科,不需要什么学问。这是早期的"学科否定论",持这种看法的,很多是对我们这一行实际上并不了解的"圈子外边"的人。众所周知,在医学科学中,小儿科也是一门精深的学科,而第二语言教学与研究真的就那么简单?这些人只要回顾一下自己学习外语的经历,就不难体会到在较短的时间内教会成年人较熟练地掌握一种第二语言并非轻而易举之事。正因为如此,对汉语国际教师在业务素质、教学能力方面均有特别的要求,我国设立了专门培养从事汉语国际教学的师资和研究人才的本科专业和硕士、博士专业,国家教委还要求汉语国际教师不论已取得何种学位都必须通过教师资格证书考试,率先在各学科中实行资格考试制度。据统计,美国高等院校1986至1988年所开设的英语作为第二语言教学的硕士专业有120个、博士专业有18个,可见在美国也并非"是个美国人就能教英语"。

随着汉语国际教育事业的迅速发展,我们的学科建设取得愈来愈明显的成就,不仅造就了一批本学科的专家,而且吸引了语言学界、心理学界、教育学界、文化学界的很多著名专家投入这一领域中来,学科的影响日益扩大,学科的特点为更多的人所了解,特别是本学科在我国教育部的专业目录中被正式定为独立的专业,学科否定论的市场也就越来越小了。

(二)"文化教学学科"论

在学界内部也曾出现过有关学科性质和定位问题的不同意见。20世纪80年代后期至90年代初,汉语国际教学界就进行过一场语言与文化、语言教学与文化教学关系问题的热烈争论。

汉语国际教学从初创时期开始,就有在教材(主要是课文)中介绍有关中国社会文化的好传统,但对语言与文化之间的关系却一直缺乏理论上的探讨。在20世纪80年代的汉语国际教学恢复期,人们将语言和语言教学的研究作为学科建立初期科学研究的重点。20世纪80年代初一些学者和教师就已开始探讨语言教学中的文化问题,但直至20世纪

第二章 汉语国际教育学科的建设与发展

80年代中期,对语言教学中文化教学的研究尚未像对语言和语言教学的研究那样全面展开。由于20世纪80年代后期中、高级阶段的汉语国际教学的规模逐步扩大,外国学生更多地表现出对学习中国文化、了解中国社会的兴趣。同时也因为受到当时语言学界和文化学界的"文化研究热"的影响,以及我们自身对语言教学交际性原则的认识提高,汉语国际教学界有更多的学者和教师关注并参与文化教学问题的研究,提出要进一步加强汉语国际教学中文化教学的正确主张,从而在本学科形成了研讨文化教学问题的热潮。这标志着本学科理论研究的深化。在讨论中也出现了一些比较偏颇的观点,如提出汉语国际教学要"突破汉语基础教育""对外汉语教学的学科内容是汉学,而不仅仅是语言培训",要进行"系统的文化知识的教学""与国外大学的中文教学接轨""把学校办成汉学家的摇篮",等等,最后导致要把本学科的性质改为"文化教学学科"。这些观点引发了一场关系到本学科的发展方向、影响到专业建设、课程设置、课堂教学和教师队伍建设的争论。1994年12月举行的"对外汉语教学定性、定位、定量问题座谈会",就学科的性质与内涵、教学中语言教学与文化教学的关系等问题进行了深入的讨论,在一些原则问题上达成了共识。

会议重申了对外汉语教学作为第二语言教学的学科性质。很多学者认为语言教学不能脱离文化教学,汉语国际教学本身就包含着文化因素的教学,在汉语言专业的课程体系中必须有一定的文化知识课,但是我们这个学科的根本任务还是首先要教好汉语。本学科不同于文学、历史等学科,本学科的文化教学是有一定限度的,不能把文化课的数量和内容无限地扩大,让语言与文化失衡甚至倒置,改变了语言教学的任务。外国学习者最需要的首先还是学好汉语,一旦掌握了汉语这把金钥匙,就能自己打开中国文化宝库的大门,从事中国文化的学习与研究,甚至当汉学家都有了可能。汉学家的培养是一个长期的过程,不同的汉学家有不同的专业领域,汉语国际教学也不可能单独完成培养各领域汉学家的任务,只能跑好这个培养过程的第一棒,让未来的汉学家先掌握好汉语这一工具。

关于"突破汉语基础教育"的问题,根据多年的教学实践,在目前情况下,汉语言专业本科四年的教学实际上都属于基础阶段教学。即使在中国的汉语环境里进行每周20多学时的强化教学,对大多数零起点的学习者来说,两年的汉语学习远远达不到掌握汉语这一工具的目的,因而三、四年级也不一定具备马上就转入专业文化学习的条件,更何况海外那些在非汉语的环境中每周只有四五学时的大学汉语教学,甚至每周只有一学时的中学汉语教学!可以这样认为,目前全世界所进行的汉语作为第二语言的教学,绝大部分都是基础阶段的教学,这就是我们所面对的现实。我们希望今后由于学生入学时的汉语起点提高,作为大学的专业教育能逐步减少基础汉语教学,增加专业的内容,但这还只是对远景的期盼,更为重要的是,即使基础阶段也同样需要而且可以进行相关的文化教学。

国外大学的中文系确有不少是以用母语进行的汉学课程为主,而把语言课特别是技能训练课压到极次要的地位,且不论这样做造成的后果如何,这是由国外中文系长期的学术传统所决定的(即使在国外,也有一些着重培养汉语人才的大学,许多中文系现在也已出现了加强现代汉语教学的趋势),至少这个"轨"我们不能接。我们不可能放弃汉语教学而专门用学生的母语来进行中国文化的教学,这也不是本学科的任务。如果这样做,万里迢迢来到汉语故乡学习地道汉语的外国学子也不一定会满意。相反,我们坚持了通过汉语学文化、在提高他们的汉语水平的同时增加他们对中国文化的了解和认识、培养通用型的汉语人才的特色,倒能吸引更多的外国学生。我们非但不能接国外的这个轨,而且应当用我们认为正确的汉语教学原则去影响他们,发挥作为汉语教学基地的作用。

以语言教学为本、以基础阶段为重点,会不会导致本学科研究的范围太窄、层次太低呢?学科的性质不同,研究的范围自然也不同。有的学科研究的对象上下几千年甚至亿万年、纵横数万里甚至整个宇宙,也有的学科只研究一个零件或一项技术(如焊接),这都不影响它们作为一门学科对人类所做的贡献,也不存在学科层次高低的问题。汉语国际教学要研究的范围,横的方面包括世界各国不同母语学习者学习汉语的规律和特点,纵的方面则从零起点直到接近目的语水平的学习全过程,学科理论本身就包括汉语国际语言学、汉语习得理论和教学理论、学科研究方法学,还涉及那么多的相邻学科,因此无论从深度或广度来看,我们的学科研究都有着广阔的天地,而我们现在已开始探索的恐怕连冰山一角都说不上。至于"对外汉语文化教学学科"的说法本身就缺乏科学性,语言教学与文化教学在教学的目的、内容、教学原则、方法等方面都有根本的区别,是两种完全不同性质的教学和学科,而且"文化"又是一个非常宽泛的概念,它本身就包含很多学科。

这场争论初步探讨了语言教学与文化教学的关系,推动了对语言教学中文化教学的重要性及具体内容的深入研究。更重要的是进一步明确了我们学科作为第二语言教育的性质,在姓"语(言)"还是姓"文(化)"的紧迫问题面前,强调了本学科的语言属性,把握了学科的大方向。但是强调我们这个学科的语言属性是否意味着本学科应定位于语言学呢?这又引发了关于学科定位问题新的探讨。

(三)"应用语言学学科"论

这不仅是我们国内争论的问题,也是世界第二语言教学界长期探讨的问题。传统的看法是把第二语言教学归入语言学的范畴,其上位学科是应用语言学,甚至将狭义的应用语言学用来专指第二语言教学。考虑到语言作为本学科的一个主要研究对象和本学科基本属性的特殊地位,尤其是在19世纪和20世纪40年代以前,还没有出现像今天雨后春笋般的应用语言学分支学科的情况下,把第二语言教学归入语言学和应用语言学的范畴,不是不可理解的。但到了今天,这种传统看法无论在国外或我们国内都受到了严重挑战。20世纪80年代初美国学者汉默莱就认为:"'应用语言学'这样的术语已经陈旧到无用的地步了,尤其是现在已进入后结构主义语言学时代。"我们国内很多学者近年来发表的论著中,也不同意把语言教学称为应用语言学。

在强调语言学作为语言教育的主要理论基础、从宏观到微观都对语言教育起着极其重要作用的同时,我们也认为科学发展到今天仍把第二语言教学归于语言学、应用语言学范畴,或直接称之为应用语言学,是不恰当的。

(四)学科定位——语言教育学科

综上所述,汉语国际教育学科的性质是汉语作为第二语言的教育,正如它的名称所表示,应当定位于语言教育学科,它是语言教育学科下的第二语言教育的分支学科(图2-1)。还需要说明的是,以上我们只是从学术的角度就学科的性质讨论其学科定位问题,这与国家教育机构在学科目录上的具体分类可能有所不同,因为后者是一种教育管理行为,

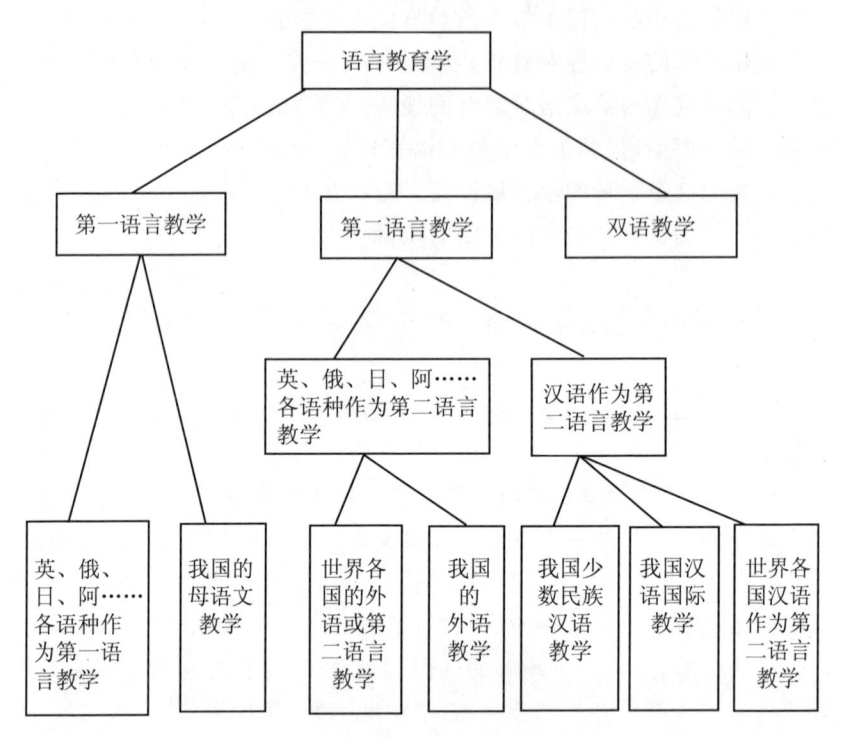

受到各种现实因素的影响,甚至常处于调整变动之中。

图 2-1 语言教育学及其分支学科

第二节 汉语国际教育的理论依据

一、行为主义学习理论

  行为主义学习理论又称刺激—反应理论,是汉语国际教育最重要的理论依据之一。行为主义理论认为学习是刺激与反应之间的联结,行为是学习者对环境刺激所做出的反应。他们把环境看成是刺激,把伴随的有机体行为看作反应,认为所有行为都是习得的,通过对学习行为的研究,知道了人的大概行为方式之后,就可以针对人们的学习进行设计。

行为主义学习理论应用在学校教育实践上,就是要求教师掌握塑造和矫正学生行为的方法,为学生创设一种环境,尽可能在最大程度上强化学生的合适行为,消除不合适行为。按照行为主义程序教学理论,在汉语国际教育中,要注重对教学信息的程序安排,各步骤之间的距离不能太大,设计中应围绕教学内容安排一定的提示过程或解决问题的方式,并能对学习者可能出现的各种反应做出适当的评价,从而设计出最有效的教学模型并建立高效的运行环境。

二、认知主义学习理论

行为主义学习理论过分强调行为,把人的所有思维都看作由"刺激—反应"的联结形成的,对人的认识过程和主观能动作用缺乏足够的重视,这引起了认知主义理论学派的不满,在他们看来,环境的刺激是否受到注意或被加工,主要取决于学习者内部的心理结构,学习的关键在于内部认知的变化,是一个比"刺激—反应"联结要复杂得多的过程。认知主义学习理论突破了行为主义仅从外部环境考察人的学习的思维模式,它从人的理性角度对感觉、知觉、表象和思维等认知环节进行研究,去提示人的学习心理发展的内在机制和具体过程。认知主义学习理论把人的认知过程视为信息加工过程,人们在对信息进行处理时,也像通讯中的编码与解码一样,必须根据自身的需要进行转换和加工。

三、人本主义学习理论

人本主义学习理论认为,行为主义把动物的研究结果应用于人类学习,忽视了人之所以区别于动物的最本质东西,不能体现人类本身的特性,而认知学习理论虽然重视人的认知结构,却忽视了人的情感、价值观、态度等最能体现人类特性的因素对学习的影响。人本主义者特别关注学习者的个人知觉、情感、信念和意图,强调人类学习过程中的一些非智力因素,如动机、情感、人际关系等对学习的影响。人本主义学习理论的主张已经在教育领域得到了很好的应用,例如人们不断强调的"以学习者为中心"或"以教师为主导,以学习者为主体"的观念,就反映了教育工作者对人本主义学习理论的重视。人本主义提出要以学生为中心来构建学习情景,把教师视为"学习的促进者",教师的任务不是教学生学习知识,也不是教学生如何学习,而是为学生提供各种学习的资源,提供一种促进学习的气氛,让学生自己决定如何学习。人本主义强调学习形成自我,学习促进自我实现,因此,人本主义重视的是教学的过程而不是教学的内容,重视的是教学的方法而不是教学的结果。

四、建构主义学习理论

建构主义认为,世界是客观存在的,但是对于世界的理解和赋予意义却是由每个人自己决定的。我们是以自己的经验为基础来建构现实,或者至少说是在解释现实,每个人的经验世界是用我们自己的头脑创建的,因此学习不是由教师把知识简单地传递给学生,而是由学生自己建构知识的过程。学生不是简单被动地接收信息,而是主动地建构意义,是根据自己的经验背景,对外部信息进行主动的选择、加工和处理,从而获得自己的意义。建构主义强调,学习是在一定的情境即社会文化背景下,借助其他人的帮助即通过人际间的协作活动而实现的意义建构过程,因此建构主义学习理论认为,在教育过程中,建构主义强调学习的主动性、社会性和情境性,认为学生是教学情境中的主角,教学要建立在学习者的已有知识经验基础上,引导学习者从原有的知识经验中形成新的知识经验,教学是激发学生建构知识的过程,特别提倡合作学习、情境性教学和真实性任务的选择。

第三节　汉语国际教育的发展历程

一、汉语国际教育的发展进程

(一)前汉语国际教育阶段

汉语是世界上最古老的语言之一,有着悠久的国际传播历史。从秦

第二章　汉语国际教育学科的建设与发展

汉开始,汉语就开始了向外传播,其中尤以唐宋及明清时期为盛。及至明清时期,我国与周边国家的民间交往日益普遍深入,加上西方传教的需要,汉语国际传播的速度不断加快,同时出现了一批很有影响的汉语学习教材。例如,《老乞大》《朴通事》等是明代初期朝鲜人学习汉语口语的教材;《官话指南》《燕京妇语》是日本人在北京工作和生活所用的汉语口语教材;《语言自迎集》等是欧洲人编写的适合西方人学习汉语的教材。

1950年,清华大学开办"东欧交换生中国语文专修班",接收中华人民共和国第一批外国留学生并对他们进行汉语教学,这标志着中国的汉语传播事业重新拉开了序幕。

1952年,我国向海外派遣了第一批汉语教师,朱德熙先生等人被派往保加利亚等国任教,执行政府间协议,成为向国外推广汉语教学的第一批使者。为适应对外汉语教学事业的不断发展,1962年,国务院批准成立了"外国留学生高等预备学校",1964年定名为"北京语言学院",这是我国第一所以对外汉语教学为主要任务的高校。

1971年,联合国恢复了我国的合法席位,四十多个国家要求向我国派遣留学生,国内高校陆续恢复招生。在这种形势下,北京语言学院于1973年复校,接着,全国各省区高等学校陆续恢复招收来华留学生。

教学规模的扩大和本科教学的创建,使设立一门专为外国留学生汉语教学服务的学科成为当务之急。1982年4月,国内21家教学单位在北京语言学院举行"对外汉语教学学会"第一次筹备会,"对外汉语教学"的提议得到一致肯定。会议一致同意学会的名称叫作"中国教育学会对外汉语教学研究会",后来研究会提升为一级学会的时候,就顺理成章地叫作"中国对外汉语教学学会"。为了便于国际交流,学会的英语译名定为"All China Association for Teaching Chinese as a Foreign Language"。

1987年7月,"国家对外汉语教学领导小组"成立,并设立常设办事机构——中国国家对外汉语教学领导小组办公室(后改称"中国国家汉语国际推广领导小组办公室",简称国家汉办)。

1990年,汉语水平考试(HSK)正式实施。

2002年8月,国家汉办举办首届"汉语桥"世界大学生中文比赛。此后,"汉语桥"世界大学生中文比赛成为每年一次的惯例。

2004年4月15日,教育部正式启动"国际汉语教师中国志愿者计划",选拔培训合格的志愿者教师分赴海外从事全职汉语教学工作,以解决全球汉语教师紧缺问题。外派汉语志愿者教师活动标志着汉语教育的"主战场"由国内转向国外,汉语教学在实质上进入了汉语国际教育时代。

(二)汉语国际教育阶段

进入 21 世纪后,为适应经济全球化和我国加速融入世界的需要,过去那种单纯"请进来"的汉语推广战略已经不再适应形势需要,而"请进来"与"走出去"的结合无疑成为"加快汉语国际推广、提升我国文化影响力和软实力"的必然选择。

2004 年 5 月,以推动世界汉语教学为目的的"汉语桥"工程启动实施,对外汉语教学开始了"走出去"的转型。2004 年,国务院批准了国家对外汉语教学领导小组制定的对外汉语教学事业 2003 年至 2007 年发展规划——《汉语桥工程》,明确提出将"集成、创新、跨越"作为对外汉语教学和汉语国际推广的发展战略。

2004 年 11 月 21 日,全球第一家孔子学院在韩国首尔建成。

2005 年 7 月,首届世界汉语大会在北京举行,来自五大洲六个国家的 300 多位代表出席了这次大会。

2006 年,对外汉语教学向国际汉语教学的转变得到国家汉办等有关部门的政策推动。国务院办公厅转发了《关于加强汉语国际推广的若干意见》,从国家战略的高度阐明了汉语国际推广工作的重要性和紧迫性,提出了汉语加快走向世界的指导思想、总体规划和政策措施,把提升学科地位、建立汉语作为第二语言教学的专业学位制度列为重要任务之一。

2007 年 3 月,国务院学位委员会第二十三次会议审议通过了《汉语国际教育硕士专业学位设置方案》,"汉语国际教育"这一名称得以正式确立。

此后,国务院学位委员会于 2008 年 9 月确定了中国人民大学、山东大学、北京外国语大学、厦门大学、北京语言大学等 8 个汉语国际推广基地学校。

截至 2020 年,我国已在全球 162 个国家和地区建立了孔子学院 541 所,开办孔子课堂 1170 个,全世界直接或间接接受、参与汉语国际教育的人数已经超过一亿,其中既有创办在西方发达国家和地区的孔子

第二章　汉语国际教育学科的建设与发展

学院(孔子课堂)汉语教学,也有在第三世界国家开展汉语教学的培训机构,其教学对象既有进入高等教育研究生教育层次的中国语言文学研究(专业教育),也有单纯的汉语识字和汉语言培训。

二、汉语国际教育的发展趋势

(一)从国际化到国别化

汉语与中国文化走向世界确实涉及很大的范围,但不是一个可以大而化之的问题,愈演愈烈的经济一体化反而使文化多样化凸显出来,因而汉语国际教育就必须从国际化走向国别化。国际化原本就不是一个简单的概念,而国别化使得问题变得更加复杂,非"多元化"的理念与"多样性"的方法不能应对。

在汉语国际教育从国际化走向国别化的过程中,教材无疑是重中之重。所谓国别化教材,就是针对教学对象所在国家的母语背景、文化特色、社会状况以及教学对象的认知方式、表述需求、心理特征而编写的适用性教材。不同国家国情的差异必然会影响到汉语教学项目的选择和编排、课堂教学过程的设计、语言实践活动的组织等重要问题,下文就从教材的编写方面探讨汉语国际教育从国际化到国别化的深入发展。

在编写国别化教材方面,刘珣教授不但有理论,而且有实践,中国改革开放伊始,他就主持编写了著名的汉语教材《实用汉语课本》。时过境迁,刘珣教授亦与时俱进,又主持编写了《新实用汉语课本》。在谈到这部新教材时,刘珣教授说:"新教材不是老《实用汉语课本》的修订本,而是一套全新的教材,我们把它称为'实用汉语课本系列'的第二代。……我们以结构、功能、文化相结合的理念作为新教材的编创原则,也就是说在结构、功能相结合的基础上又加上了一个"文化"。20 世纪 90 年代以来,语言教学中非常重视文化,不论是美国的 5C 外语学习标准还是欧洲语言共同参考框架,都把文化放在非常突出的地位。语言离不开文化,学语言不能不学目的语的文化,只有学好文化才能把目的语用得更地道。而且今天多元化的世界要求人们更能体认多元文化。我们在《新实用汉语课本》中,从初级阶段开始就大大加重了文化的分量。课文中加强了对中国文化的介绍,增强学生学习汉语的动机,并进行中、西文化对比,以引起讨论,增加课堂的趣味性。结构、功能、文化相结合是大部分中国大陆教师和学者所主张的对外汉语教学的理念和路子。"这种理念和路子确实是有科学性的,"结构"体现语言的本质,"功能"便于学生学以致用,"文化"是语言应该负载的东西,教材在这几方面设计好了,用起来自然是事半功倍。事实证明这种理念和路子是正确的,目前这套教材已在美国和加拿大普遍使用,成为北美经典的汉语教材之一。

为解决汉语教材国别化乃至本土化的问题,目前中国国家汉办正在实施国际汉语教材工程,并于 2009 年 5 月在中山大学建立了国际汉语教材研发与培训基地。汉语教材本土化主要体现在内容和形式的本土化方面,应注意中外文化的差异和话语体系的不同,其内容应适合学习者的需求,其形式应适合学习者的习惯,这涉及教材的诠释语言、练习方法、编辑手段、媒体形式、装帧特色等诸多方面的本土化问题。说到本土化,其实还有更深层次的问题,不同母语的学习者在学习汉语时重点与难点有很大区别,绝不是简单地从一种语言翻译成另一种语言就可以了,应突出两种语言在"形、音、义、用"等诸多方面的相异之处。语言方面尚且如此,有关文化部分的考虑就更应该细致周到了,我们虽然编的是语言教材,但也应有助于学习者了解中国文化和用汉语表述自己国家的文化。目前国际汉语教材工程已取得了丰硕的成果。

(二)从单一性到多样性

从对外汉语教学到汉语国际教育,是一个从单一性到多样性的过程。过去这方面主要是大学里的专业与非专业教育——包括中国的大学和外国的大学,而现在正在呈现出一种社会化的趋势,社会各界人士出于各种需求都有可能学习汉语,这就产生了从单一性到多样性的转变。

1. 汉语教学对象的低龄化

目前汉语国际教育在教学对象方面呈现出低龄化的趋势,由大学而中学,由中学而小学,甚至在某些国家还低到了幼儿园的层次。刘谦功在韩国启明大学孔子学院工作时,为了适应韩国汉语学习者低龄化的趋

第二章　汉语国际教育学科的建设与发展

势,国家汉办/孔子学院总部支持孔子学院编制了儿童汉语教材——《跟启启、明明一起学汉语》[①],该教材图文并茂,并配有 CD 和可供小朋友拆下来动手拼接的卡片,形式生动活泼,内容丰富多彩,整套教材共 4 册,各册具体内容如下:

第 1 册:第一阶段——基础会话(4 岁)

第 2 册:第二阶段——发音练习(5 岁)

第 3 册:第三阶段——短文读写(6 岁)

第 4 册:第四阶段——童话故事(7 岁)

该套教材(含 CD)于 2011 年 6 月全部出版,主要供给大邱广域市与庆北地区的幼儿园、小学作课内外汉语学习教材,同时向全韩国孔子学院及幼儿园、小学推广。

汉语国际教师常常会思考以下几个问题:

(1)怎样教小朋友学习汉语?

这个问题看似简单,却不是那么好回答的,首先涉及幼儿心理学与教育学,同时特别需要了解儿童学习语言的心理机制。"儿童早期的语言已蕴含了许多语言结构在内,但是儿童能将词有规律地排列在一起,这一事实能否证明儿童已具备了类似成人的语法系统?……第一种看法认为儿童在语言发展初期就已具有一定的语法系统,诸如主语、宾语、名词、动词等语法概念。这种观点是乔姆斯基转换语法影响的结果,倡导者有布鲁姆(1970)、布朗(Brown,1973)、卡兹登(Cazden)及布鲁基(Bellugi,1969)。……第二种看法恰与以上相反,倡导者为布朗(Brown,1973)及包尔曼(Bowerman,1973),他们认为儿童的早期语言并不具备语法概念,而只表达一定的语法关系。……也有第三种看法,认为儿童早期的语言知识十分有限(Braine,1976),这种观点较前两种更为保守,持这种观点的学者认为早期的儿童语言尽管有的与语义关系相符,诸如'施事—行为''拥有者—拥有物'等大致与美国语言学家菲尔墨(Fillmore)的格语法相符的语义关系,但是儿童的大多数名词仅能表达成人语义内容的一部分,而不是全部。"[②]上述三种看法尽管不同,但都说明了这样一个道理:儿童学习外语一方面不同于其学习母语,一方面不同

---

① [韩]尹彰浚主编,刘谦功中文审定. 跟启启、明明一起学汉语[M]. 韩国:启明大学出版社,2011.

② 靳洪刚. 语言获得理论研究[M]. 北京:中国社会科学出版社,1997.

于成年人学习外语。经过理论和实践研究发现:在韩国,教小朋友学汉语最好采用图片、实物、做游戏等方式,如能借助动画片就更好,少年儿童在12岁前学外语有特别的优势,应该把握好这个时机。在教学过程中要循序渐进,既不能操之过急,又要兼顾系统性,为其未来的学习打下基础。

(2)教幼儿汉语什么方法好？什么方法不好？

教学方法的好与不好是相对的,因人而异。就幼儿教育来说,合适的方法是:能引起孩子的兴趣且能让孩子全面参与,包括说话和行动;不合适的方法是:系统讲授且孩子很难参与。可以考虑的教学方法举例如下:

①念儿歌:一去二三里,烟村四五家,亭台六七座,八九十枝花。

②唱歌:《三只小熊》《铃儿响叮当》。

③做游戏:丢手绢、老鹰捉小鸡、小白兔和大灰狼。

④看动画片:《狼来了》《三个和尚》《哪吒闹海》《南郭先生》《鲤鱼跳龙门》《猪八戒吃西瓜》。

⑤学习日常用语:对常接触的人的称呼,如爸爸、妈妈、哥哥、姐姐、弟弟、妹妹、叔叔、阿姨、老师等;可以看见的东西的名称,如桌子、椅子、书、门、窗户、饮料、饼干等。

⑥画画:自己随意画画,边画边用汉语解释。

⑦做手工:学习剪纸、折纸、泥塑,要求学生在制作的过程中有问题用汉语问,老师也用汉语回答问题。

(3)如何解决照顾兴趣和完成任务之间的矛盾？

教孩子学汉语仅仅寓教于乐是不够的,还要注重给他们日后更高层次的学习奠定一个良好的基础,既要从兴趣入手,以各种方式吸引小朋友的注意力,甚至适当地给予物质奖励,如巧克力、小玩意儿等,也要潜移默化地从感性知识上升到理性知识。

(4)如何吸引小朋友的注意力？

小学生尤其是幼儿园的小孩子学汉语注意力难以集中是一个老大难问题,重点考虑以下因素或许有助于解决这个问题:直观、动态、有意思、能体验。即使是在课堂上,也有可能找到这些因素的契合点,如脑筋急转弯:

①大熊猫一生最大的遗憾是什么？——没有彩色照片。

②什么事情只能自己做,不能和别人一起做？——做梦。

第二章 汉语国际教育学科的建设与发展

③你能以最快速度把冰变成水吗？——"冰"字去掉两点就是"水"。
④什么人一年只工作一天？——圣诞老人。
⑤为什么鱼只生活在水里,不生活在陆地上？——因为陆地上有猫。

我们应该认识到,儿童学习汉语是有着绝对优势的,美国著名语言学家布龙菲尔德(Leonard Bloomfield)在《语言论》一书中指出:"如果学外语学得跟本地人一样,同时又没忘掉本族语,这就产生了双语现象(bilingualism),即同时掌握两种语言,熟练程度和本地人一样。一过了童年,便很少有人的肌肉和神经还能那么灵活,或者还有那么多的机会和空闲,能把外语学得到家。"① 因此,汉语国际教育教学对象低龄化的趋势对于我们来说既是挑战也是机遇,迎接这个挑战,抓住这个机遇,从长远看会成为我们进行汉语教学的一个有利因素,为更高层次的汉语学习打下一个良好的基础。

2. 汉语水平考试的多样化

语言学习必须有考试,现在我们进行汉语国际教育,考试自然是必不可少的。说到考试,我们有必要回顾一下中国古代的科举考试制度及其对世界的影响,虽然科举考试到封建社会末期成为一种呆板而僵化的考试形式,但其在中国乃至世界历史上都曾有过非常积极的作用。科举制度在中国实行了1300余年,对隋唐以后的社会结构、政治制度、教育体制、人文思想均产生了重要影响,这种影响还扩大到东亚乃至世界。科举考试原来目的是为政府从民间选拔人才,相对于世袭、举荐等制度来说无疑是一种公平、公开、公正的方法,可以"不拘一格降人才"。最初东亚的日本、韩国、越南均效法中国举行科举考试,16至17世纪,欧洲传教士在中国看见科举取士制度,在其游记中把它介绍到欧洲。18世纪时启蒙运动中,不少英国和法国思想家都推崇中国这种公平竞争的制度。英国在19世纪中至末期建立公务员任用制度,规定政府文官通过定期的公开考试招取,渐渐形成后来为欧美各国效仿的文官制度,其考试原则与方式与中国科举考试十分相似,在很大程度吸纳了科举考试的优点。再回到中国来,有人认为今天的考试制度在一定程度上仍是科举制度的延续,当然考试的理念与方法已大相径庭了。

---

① [美]布龙菲尔德. 语言论[M]. 袁家骅,赵世开,甘世福,译. 北京:商务印书馆,1997.

考试是一种公平而严格的知识水平与综合能力的鉴定方法,从根本上说,其目的主要有两种:其一是检测考试者对某方面知识或技能的掌握程度,其二是检验考试者是否已经具备获得某种资格的基本能力。根据目的不同,考试可以分为效果考试和资格考试。所谓效果考试,顾名思义,是检验一下学习效果。无论从主考者的角度看,还是从学习者的角度看,效果考试都是为了检验学习者目前的学习水平,以便更好地制订以后的教学计划或学习计划,典型的效果考试是学校中的各种各样的课程考试。所谓资格考试,是给考试者一个公平竞争的机会,以获得某个更高层次的学习或工作的资格,典型的资格考试如中国的中考与高考、美国的 TOEFL[①] 与 GRE[②] 等。具体到汉语考试,既有效果考试,也有资格考试,二者虽然不同,但考的都是汉语,也就有相通之处,而且效果考试应或多或少地注重与资格考试的内在联系,否则学生拿不到"资格"怎么能说明"效果"好呢?

关于汉语方面的效果考试,最根本的问题不外乎两点:考什么和怎么考。"考什么"要求目的明确,"怎么考"要求方法得当。

如果我们要考察外国学生对汉语各要素掌握得怎么样,出题时就得在选"点"时多下功夫:考语音,既要注重潜在的系统性,所有的语音都应考到,包括轻声、儿化、变调等,又要突出难点,因学生的母语而异,如卷舌音、送气与否问题。考词汇,首先要了解学生是否掌握了词语的基本内涵,包括词性与词义等,词性如一词多性:花(一束花、花钱),词义如一词多义:机动车(与人力车相对的车或可灵活使用的车)。其次,对学生习得词语的要求应领会式掌握与复用式掌握相结合,前者即理解了就可以了,后者则指既能理解,也会使用。考语法,应考常用的、有定论的、影响学生理解的语法点,且原则上像语法教学一样,是宜粗不宜细的,如"树木",在"那里有很多树木"和"十年树木,百年树人"这两句话中的语法概念是不同的,前者是词,后者是词组,这种基本问题学生是否弄清楚

[①] TOEFL:全称 The Test of English as a Foreign Language,中文名称为"鉴定非英语为母语者的英语能力考试",中文音译为"托福",是由美国教育考试服务处(Educational Testing Service,简称 ETS)举办的英语能力考试。

[②] GRE:全称为 Graduate Record Examination,中文名称为"美国研究生入学考试",适用于除法律与商业外的各专业,由美国教育考试服务处(Educational Testing Service,简称 ETS)主办。GRE 是美国、加拿大大学各类研究生院(除管理类学院、法学院)要求申请者必须参加的考试,其成绩也是各大学是否给申请者提供奖学金的重要依据。

第二章 汉语国际教育学科的建设与发展

了是应该考察一下的。考汉字,至少应包括辨识和书写,如近形字、多音字要能辨识,而能够正确地书写汉字是能够正确地记忆汉字的外在表现。除此之外,具体命题时还应注意三点:(1)目的性,要体现出课程特点,如综合课、听说读写译分技能、文化课等;(2)针对性,能考虑到学生的特点,如年龄层次、母语背景、学习目的等;(3)科学性,要符合考试的一般规律,如题型设计、正确答案分布等。对考试结果还应进行总结和分析,如成绩分布状况、偏误分析(包括错误率和错误原因),必要时还可进行试卷讲评,同时还要重新审视一下试卷本身有无问题,以修正日后的教学与考试。

关于汉语方面的资格考试,目前在全世界影响最大的是汉语水平考试,即 HSK。[①] HSK 每年定期在中国国内和海外举办,凡考试成绩达到规定标准者,可获得相应等级的《汉语水平证书》。中国教育部设立国家汉语水平考试委员会,该委员会全权领导汉语水平考试,并颁发汉语水平证书。

随着汉语国际教育形势的发展,目前又有几种新的汉语资格考试开始施行,首先是为了适应汉语学习者低龄化趋势的中小学生汉语考试,英文名称为 Youth Chinese Test,简称 YCT。

除了中小学生汉语考试以外,还有商务汉语考试(BCT)。商务汉语考试可以说是应运而生,中国经济发展的大趋势让使用汉语进行商务活动的需求越来越大,这方面资格的确定就自然被提到日程上来了,现在孔子学院几个主要类型之一就是商务孔子学院,而且已经成为进行商务汉语教学与考试的重要平台。

(三)从静态观到动态观

汉语国际教育永远处在动态之中,从初级汉语到高级汉语,从汉语专业到非汉语专业,从教学工作到管理工作……过去我们研究对外汉语教学,静态研究居多,动态研究略显不足,这是我们应该努力改进的。首先,我们应该关注世界各国语言学与语言教学乃至文化与国情的情形,古人云:"泰山不让土壤,故能成其大;河海不择细流,故能就其深。"汉语

---

① HSK 是为测试母语非汉语者(包括外国人、华侨和中国少数民族学生)的汉语水平而设立的国家级标准化考试。

国际教育是要在世界各国语言、教育、文化、国情的大背景下进行的教育,相关方面的发展与变化都对汉语国际教育的结果有直接的影响,永远没有绝对的一定之规,这就需要我们不断去寻求动态中的平衡。

  从宏观方面看,对语言的保护性研究与发展性研究都是很重要的,我们对中外语言、文化、国情都要尽可能全面地、动态地研究。从微观方面看,汉语教学的常规也在不断被打破。传统的汉语教学都是从拼音学起,并因之有了"语音阶段"这一概念,而且被公认为是汉语学习的首要阶段,然而在德国佛里德堡·吉森大学任教的黄鹤飞老师却认为教德国学生可以从汉字入手,因为德国学生反映,让他们在某一段时间里专门学习拼音是一件枯燥无味的事情,不仅如此,由于德语是拼音文字,德国学生对汉语拼音十分敏感,对汉字却迟迟没有感觉,他们开始花的许多时间和精力并未用在他们学习汉语的难点上,有鉴于此,黄鹤飞老师便采用"字意音一体化"的教学方法教德国学生。

  在教学方面有一句名言:"教无定法,贵在得法。"然而无创新则难得法,"常规与创新并非一成不变的,而是处于动态变异之中。今日之常规,可能是昨日创新之成果;今日之创新,可能成为明日之常规。"[①]创新往往是为了当务之急,而明日之常规便是长久之计了。

---

① 刘彭芝. 人生为一大事来[M]. 北京:高等教育出版社,2004.

第三章 汉语国际教育的课程设计与优化

汉语国际教育的课程设计与优化具有主导作用,其深刻影响着汉语国际教育的成效。本章从教学需求和内容、教学目标与策略、教学项目与教材等方面对汉语国际教育进行探索。

第一节 汉语国际教育的教学需求与内容分析

一、汉语国际教育的教学需求

(一)教学需求的来源

1. 社会发展的需求

学校是社会生活的一部分,学生是社会群体的一部分,教育、教学活动总是存在于一定的现实社会之中的。学校教育的一个主要任务就是使学生逐渐适应社会,因此教学设计确定的课程目标和教学内容当然要反映社会生活的需要。从某种意义上说,学习者的需要也是由社会需求决定的,社会需求是最根本的教学需求。

国际社会对汉语人才规格的要求,决定着汉语教学的目标。随着中国的发展,国际社会对汉语人才的需求量不断增长,所以学习汉语的人数不断增长,国际汉语教学项目数量和类型也在增长。国际社会对汉语人才类型的需求也经历了不同的发展阶段,从传统的了解中国文化的需求(如欧洲传统汉学),到了解新中国的需求(如美国的中国学),到来中国学习其他专业的需求(如20世纪50—70年代的亚非国家留学生),到接受高等教育的需求(如20世纪80—90年代大量的日本和韩国留学生),到商务需求(如近年来逐步升温的商务汉语学习),再到普通教育需求(如国外迅速增长的华裔、非华裔的中小学汉语教学的增长),等等。这些发展和变化使汉语教学的类型逐渐丰富,必须了解世界各地对汉语学习的不同需求,并把其作为汉语教学项目设计的基本依据之一。

确定社会需求,通常有两种方法:(1)进行社会调查,向社会各方面征询意见。为了得到比较可靠的调查结果,调查对象的样本必须有很好的代表性。(2)向有关的社会学专家征求意见。

2. 学习者的需求

学习者需求也叫"个人需求"。教学的最终目标都是指向学习者的身心发展,促进学习者身心发展是教学的基本职能,因此教学目标的确定必须依据学习者的需要。而学习者的需要是十分复杂的,不同年龄、不同学习目标的学习者会有不同的学习需要。

吕必松在谈到语言学习者的学习需求时认为,在学校里学习第二语言,往往是出于不同的目的。第二语言学习大体上有以下几种目的:(1)受教育目的,例如为了升学(包括用目的语学习某种专业)或提高文化素养、提高思维能力,或准备条件以求得将来职业上更大的发展等。(2)学术目的,例如为了用目的语阅读科技文献或从事某一领域的研究工作等。(3)职业目的,例如学习汉语是为了担任汉语教师、汉语翻译或从事汉语研究工作等。(4)职业工具目的,例如学习汉语是为了直接用汉语从事外交、外贸工作或其他有关的工作等。(5)其他目的(也可以叫作临时目的),例如为了到目的语国家短期旅行或临时旅居,或为了社交应酬,或出于好奇心等。

教学项目设计也必须考虑到学习者的学习目的,据此确定教学目标、教学内容和教学原则、方法。如果是为了学术目的,就要系统地学习汉语知识、技能、学习策略和相关的文化知识;为了工具目的,就要特别讲求听说读写或某方面的实际操作能力;为了临时目的,则可以选择速

第三章 汉语国际教育的课程设计与优化

成强化的学习方式,对某些方面可以不必有过高的要求。

了解学生发展需求通常有两种方法:第一,向学生调查。当调查对象学习过有关课程并且达到相应水平时,其意见对目标决策有较高的价值。第二,向有关专家和熟悉学生情况的教师进行调查。

3. 学科发展的需求

学科的发展也是教学设计的重要依据之一。从一般意义上说,学科知识内含着自身的逻辑体系,包含着基本概念和基本原理、探究方式、学科的发展趋势、与相关学科的关系等内容,学科各方面的发展,必然引起学科目标和内容的变化。

语言教学学科的发展,至少从三个方面影响语言教学的需求。(1)语言学家对语言规律的认识发展会改进语言教学的内容,对语言教学提出新的要求。(2)对语言认识的变化会改变人们对语言教学目标的认识,对教学提出不同的要求。比如结构主义语言学认为语言是一套习惯,因此要求语言学习者重点掌握听说能力,产生了听说教学法;转换生成语言学认为语言是一套生成规则系统,要求学习者掌握语言规则的运用,被认知语言教学法作为依据之一;功能语言学强调语言的交际工具性质,强调语言在交际中交际目的达成,促成了交际教学法的产生。(3)语言教学理论也对教学设计产生重大的影响。比如上述三种不同的教学流派,对语言学习者要掌握的语言知识、技能、行为规范各方面都有不同的要求,对获得知识、技能、行为规范的途径也各不相同。表3-1反映了不同时期学科发展引起的语言教学目标和内容的变化。

表3-1 不同教学法流派的教学目标和教学内容比较[①]

教学法流派	教学目标	教学内容
语法翻译法	教养、语言理解	知识(语法、词汇、语音),技能(包括翻译技巧)
听说法	熟练掌握听说技能	技能(听说为主),知识(语法、词汇、语音)

---

① 崔永华. 对外汉语教学设计导论[M]. 北京:北京语言大学出版社,2008.

续表

教学法流派	教学目标	教学内容
交际法	进行有效的交际	功能、话题、表达方式、知识
当代教学思想	综合语言运用能力	技能、知识、态度、学习策略、跨文化交际能力

4. 不同层次的教学需求

不同层次的语言教学,需求分析的重点也不同。表 3-2 大体上反映了这种不同。

表 3-2　教学设计的不同层次所强调的教学需求

	学习者需求	社会需求	学科发展需求	教学标准的需求
系统层次	√	√	√	
产品层次	√	(√)	√	√
课堂层次	√			√

(二)教学需求的分类

在教学设计著述中常常介绍伯顿和梅里尔(J. K. Burton & M. D. Merrill)在其《需要的评价:目的、需要和优先考虑的需要》一文中对教学需要的分类,他们将需要划分为六类:标准的需要、比较的需要、感到的需要、表达出来的需要、预期的需要、处理突发事变的需要。这六类学习需要为教学设计者提供了收集信息的类型和归类的框架。

(1)标准的需要是个体或集体在某方面的现状与既定的标准比较而揭示出的差距。既定的标准包括国家统一的标准测验和各类认可的标准、教学大纲等,如对外汉语教学的各种等级大纲、汉语言专业教学大纲等。确定标准的需要步骤是:第一,获得标准的数据或要求(考试大纲、标准分数线、教学大纲);第二,收集与标准比较有关对象的所有数据和资料;第三,比较后确定标准的需要。

第三章 汉语国际教育的课程设计与优化

（2）感到的需要是个人认为的需要，是个体必须改进自己的行为或某个对象行为的需要和渴望，它表达了一种现在行为或技能水平与所渴望的行为或技能水平之间的差距，如部分学生认为在信息时代自己应该掌握基本的计算机技能。确定感到的需要方法是通过访谈调查和问卷调查来收集资料和数据，在此基础上进一步分析、完成。

（3）表达出来的需要是个人或集体已认识到有"需要"，为满足该需要而表达出来。如上例中，学生有学习计算机基本技能的渴望，他报名选了相应的课程，这表达了学生要学习这门课程的需要。再如有的学生选择汉语水平考试辅导课程，说明他有这方面的要求。获取表达出来的需要的数据的方法是：从选修课的登记表找出，考查有关的个人行为档案，考查表达学生需要的具体行为。

（4）比较的需要是同类个体或集体通过比较而显示出来的差距，如把一个班级与另一个班级相比较来确定相互间的差距，或者学习者个人通过比较发现自身的不足等。确定比较的需要步骤是：第一，确定要比较的领域（如成绩、实际水平等）；第二，收集比较的领域内对象和比较对象的资料和数据；第三，比较后确定比较的需要。

（5）预期的需要是预测未来社会或工作岗位对学习者可能的要求，如尽管有的地方计算机还不普及，在校汉语学习期间使用也不多，但是很多学生毕业以后如果从事使用汉语的工作，将来肯定要具有使用网络资源、计算机处理的能力，因此在汉语课程中应当创造条件开设这方面的课程。分析预期的需要主要是通过面谈和问卷，确定某些潜在的问题。

（6）处理突发事变的需要是指通过分析潜在的、很少发生但会引起重大后果的问题，引出教学需求。在语言学习方面应当考虑学生在下列情况下应当怎样处理：遇险、遇到灾难、需要逃生、需要报警、迷路，甚至找厕所等。获取有关处理突发事变的需要主要通过分析潜在的问题或通过提出假设的问题来进行。

以上对需求的分类是为需求分析提供分析的框架、角度，未必每种教学类型的需求分析都包含六类。

(三)语言教学的需求分析

1. 语言教学需求

语言教学也有自己的需求分析传统。现任南京师范大学外国语学院副院长、三级教授、博士生导师倪传斌认为,外语/第二语言教学界的需求分析形成的研究体系比较完善,其特有的应用价值已在课程设置、大纲设计、课程评估、试题编制和教育政策制定等方面充分展现出来。在对外汉语教学领域,国内学者早在20世纪90年代初就已对需求分析特有的应用价值达成共识,并不断在各种文献中从教学实施、专业设置、学科地位、教学原则、教材编写、大纲设计和教学研究等方面论述了开展需求分析的必要性,但目前外国留学生汉语需求分析的实证研究仍停滞在"坐而言",而非"起而行"的状态。

语言教学的需求分析是了解语言学习者对语言学习的需求,并根据轻重缓急程度安排学习需求的过程,因此需求分析需要了解学习者为什么要学习语言、需要学习哪些方面的语言以及需要学到什么程度等方面的信息。语言教学需求分析一般采取哈金森(Hutchinson)和瓦特斯(Waters,1987)年提出的分析框架,他们把学习者的语言学习需求分为"目标需求"和"学习需求"两个方面。

"目标需求"指学习者在将来目标场合使用语言的客观需要,主要指将来使用语言的客观要求与学习者现有水平之间的差距,也就是起点和终点之间的差距。Hutchinson和Waters把目标需求分为三个小类:需要、差距和愿望。"需要"指学习者将来使用语言的客观需要,也就是为了在目标场合有效地使用语言,学习者应该掌握的语言知识和技能;"差距"指学习者将来语言使用的客观需要与现有语言水平之间的差距;"愿望"指学习者自己希望学习的内容,也就是学习者个人的特别需求,客观需要固然重要,但学习者自己的主观愿望也不能忽视。

"学习需求"指学习者从学习起点到终点的学习过程中需要的条件和要做的事。第二语言教学领域一般认为,学习需求分析涉及四个方面的内容:(1)物质条件,如学习场所、材料、时间等。(2)心理条件,如教育心理学需求(了解教学目标、了解教学过程、整理课堂知识和专门培训汉语学习策略等)、学习兴趣、动机等。(3)知识技能条件,如现有知识、学

第三章　汉语国际教育的课程设计与优化

习策略和方法等。(4)支持条件,如教师、学校等。

语言学习需求分析常用的调查方法有问卷调查、测试、访谈、观察等。

2. 汉语国际教育的教学需求

倪传斌通过对外国留学生汉语学习需求的分析和对国内外二语教学文献的梳理,得出如下几方面很有启发性的结论:

(1)学习汉语的最佳途径是指导性习得,学制以半年或一年半为宜。分班时,可按不同国籍和相同汉语水平编排。大部分外国留学生愿意入住中国家庭。

(2)在课堂上,外国留学生希望了解课堂教学目标和教学过程,需要按自己的认知方式整理所学的知识,愿意参加汉语学习策略的培训。"与其他同学交谈"是他们最喜爱的教学活动,"3～5人一组"是他们偏爱的分组方式,"电视/录像/电影"是他们推崇的教辅工具。此外,外国留学生还希望教师课后布置作业。

(3)多数外国留学生希望教师在课堂上立即订正自己的作业。对于课堂练习中的错误,他们希望教师和同学当着其他同学的面立即订正,希望在真实的生活中靠运用所学知识来检验自己的汉语水平。

(4)教师基本了解外国留学生的学习需求,但对学生在语言教学活动、课堂分组、教辅工具、教师的订正方式和汉语水平的考核形式等方面表现出的偏好,还有待进一步了解。

北京语言大学教授、吉林师范大学名誉教授崔永华归纳了中英两国大学(以北京语言大学和谢菲尔德大学为代表)在汉语本科学历教育操作层面的不同,可以从一个侧面帮助理解二者在语言教学的教学需求方面的不同(表3-3)。

表3-3　中英汉语教学操作层面的比较

比较项目	中国	英国
教学大纲	各阶段均以语言项目(语音、语法、汉字、词汇、功能)为纲;三、四年级根据学生的语言水平,开设中国文化和国情知识课,包括外贸知识课	未见发表的教学大纲;基础阶段(一年级)跟国内相似,中高级阶段以中国国情、知识、文化课题为纲组织教学,适当进行语言知识讲授

续表

比较项目	中国	英国
课程设置	四年均以汉语课为主要教学内容,附以中国国情、文化知识内容,知识课根据学习者的汉语水平授课	语言课与用英文讲授的中国国情、文化知识课各占一半左右,各校的中国国情、文化知识课根据在校教师专长设置,多用英文授课
语言课授课总学时	四年合计授课2500学时左右,其中包括400学时左右的中国知识课	四年合计授课1500学时左右,包括在中国大陆学习一年750学时左右;不包括用英文讲授的中国国情和文化等课程
语言课教材	各年级基本上都有固定的教材,因此大部分教材缺少时效性	基础阶段(一年级)有固定语言教材;中高级阶段,一般无固定教材,以报刊和网上介绍中国现状和中国知识、文化的时文为教材,有较强的时效性
授课语言	以汉语为主	以英语为主
语言课授课方式	基础阶段以语法为线索,讲练结合;中高级阶段以词汇、语篇为线索,附以专题讨论、语言实践	初级阶段以语法为线索,讲练结合;中高级阶段以围绕专题学习、讨论为主,附以词汇和语法解释
技能目标	重视听说,要求听说读写全面发展	强调读、听、译,也重视说、写
测试内容	各阶段均以测试语法、词汇项目为主要内容,听说读写技能为测试指标,也倡导发表对事情的看法	基础阶段强调语言结构和中英对译;中高级阶段主要测试对汉语材料的理解和使用汉语表达对某事的看法,特别重视真实材料的中英对译

二、汉语国际教育的教学内容

(一)选择教学内容

分析教学内容的第一步是根据教学目标,确定学习者所应学会的知识、技能和行为规范。一般来说,这些教学内容应当包括美国教育心理学家加涅主张的五类学习结果。

不同学科的学习所选择的教学内容不同,所依据的选择原则也不同。比如中文专业的学生跟汉语言专业的外国留学生都要学习现代汉语语法,但是二者所选择的语法重点和学习方式有本质的差别。中文专业的学生需要学习完整的汉语语法体系,这种学习主要是言语信息类的学习,而对于汉语作为第二语言的学习,语法选择就需要有所侧重,而且是通过言语信息和智力技能两种学习类型来学习的。二者的选择依据大不相同,从汉语教研室教师张伟平对七种汉语教材所选择的语法点的分析可以看出,语言教学专家选择基础阶段教授的汉语语法点时考虑了以下原则:(1)体现汉语的基本结构,如单句和复句、动词谓语句、形容词谓语句等。(2)突出汉语的特点,如汉语表达语法意义的主要手段、语序和虚词、量词、名词等。(3)使用频率高,如"越来越……""除了……以外……""连……也/都……""……比……"等固定结构。(4)用法比较特殊或者比较复杂,如"把"字句、"被"字句、补语系统等。(5)基本表达所必需的语法,如"数的表示法"中的钱数、钟点、日期的表达和称数法等。

(二)教学内容的安排和组织

近三十年来在教学内容组织编排的各种主张中,较有影响的是三种观点:

1. 布鲁纳提出的"螺旋式编排教学内容"

"螺旋式编排教学内容"主张根据学生的智力发展水平,让学生尽早有机会在不同程度上去接触和掌握某门学科的基本结构,以后随着学生在智力上的成熟,围绕基本结构不断加深内容深度,使学生对学科有更深刻和更有意义的理解。

2. 加涅提出的"直线编排教学内容"

"直线编排教学内容"主张把教学内容转化为一系列习得能力目标,然后按这些目标之间的心理学关系,即从较简单的辨别技能的学习到复杂的问题解决技能的学习,把全部教学内容按等级来排列,这是对外汉语教学中主张的一种教学内容排列方式。如原版的《实用汉语课本》就采取了这种做法。

一般汉语教材都力图遵循在学习上由易到难的排列顺序,仍以张伟平关于语法点排列顺序的研究为例,他分析出七套教材中被四种以上教材选择的 76 个语法点,这些语法点在各种教材排列顺序上大体是一致的,具体语法项目及出现的顺序大致如下:

(1)是非疑问句;(2)"是"字句;(3)特殊疑问句;(4)形容词谓语句;(5)定语和结构助词"的";(6)正反疑问句;(7)动词谓语句;(8)"有"字句;(9)量词;(10)"也"和"都";(11)用"呢"的省略疑问句;(12)百以内的称数法;(13)疑问代词"几"/"多少";(14)双宾语动词谓语句;(15)"的"字短语;(16)名词谓语句;(17)钱数的表示法;(18)介词;(19)年/月/日/星期;(20)钟点表示法;(21)选择疑问句;(22)主语;(23)能愿动词;(24)时间词;(25)主谓谓语句;(26)方位词;(27)表示存在的句子;(28)连动句;(29)动词重叠;(30)兼语句;(31)百以上的称数法;(32)状语和结构助词"地";(33)语气助词"了";(34)状态补语;(35)完成态;(36)时量补语;(37)要……了;(38)进行态;(39)结果补语;(40)概数;(41)序数;(42)"就"和"才";(43)简单趋向补语;(44)动量补语;(45)经历态;(46)"是……的"句;(47)用"比"表示比较;(48)数量补语;(49)并列复句;(50)持续态;(51)转折复句;(52)跟……一样/不一样;(53)复合趋向补语;(54)假设复句;(55)量词重叠;(56)"把"字句;(57)用"有/没有"表示比较;(58)形容词重叠;(59)无标记被动句;(60)递进复句;(61)可能补语;(62)趋向补语的引申用法;(63)因果复句;(64)倍数;(65)疑问代词的引申用法;(66)连……都/也……;(67)反问句;(68)存现句;(69)一……比一……;(70)有标记被动句;(71)紧缩复句;(72)数量短语重叠;(73)除了……以外,……;(74)条件复句;(75)依变复句;

(76) 让步复句。

3. 奥苏贝尔提出的"渐进分化"和"综合贯通"原则

"渐进分化"指在学习的过程中,应该首先呈现一个学科的最一般和最概括的观念,然后按细节和具体性逐渐分化深入学习。"综合贯通"则强调学科的整体性,在教学中要照顾到学科本身的特定结构、方法或逻辑,以完整地理解这门学科。

实际上,人们在安排教学内容时经常是综合运用上述三种观点。语言教学的内容安排也是如此,还以上面讲到的基础汉语语法点的教学顺序安排为例,各种教材在安排中都是既考虑到学习的难易程度,也考虑到语法体系的完整性,同时还要考虑到交际的需要。

(三)语言教学内容的指导思想

语言教学的内容不仅是语言知识和语言技能,还有态度、学习策略和跨文化交际能力都是语言教学的内容,这些内容结合在一起,才能形成综合语言运用能力,因此在汉语教学设计和实际的教材编写、课堂教学中,应当对教学内容的分析有正确的理解、分析和选择,如此才能保证教学的成功实施。

(四)《国际汉语教学通用课程大纲》规定的教学目标及内容

1. 目标

学习者能理解多种主题的语言材料,能熟练造句,掌握一些成段表达的技巧,具有组织比较完整篇章的能力,具有进行比较流利的语言交流的能力。对学习汉语具有较强的兴趣和信心。较全面地掌握学习策略、交际策略、资源策略和跨学科策略。比较深入地了解中国的文化知识,具有跨文化意识和国际视野。

2. 语言知识

表 3-4　语言知识

知识	目标描述
语音	(1)在日常交际中,逐步做到语音、语调自然、流畅; (2)能运用语音、语调、重音等手段表达特殊意义; (3)初步了解汉语的节奏和韵律; (4)能听懂略带不同口音的普通话
字词	(1)掌握800个左右常用汉字,做到听、说、读、写四会; (2)基本掌握汉字的构形规律; (3)音、形、义运用基本正确; (4)在自己熟悉的话题范围内,能选择合适的词语进行交流或表达; (5)了解汉语词汇的词义变化及日常生活中新出现的词汇,能使用约1500个左右的常用词语
语法	了解和掌握: (1)结果补语、趋向补语、可能补语、程度补语; (2)"把"字句; (3)汉语被动意义的表达方式; (4)各种复句
功能	(1)能综合运用熟悉的交际功能项目; (2)能根据交流的需要,进一步学习并掌握新的语言表达形式和交际功能; (3)能完成工作、社交和相关专业领域的交际
话题	(1)进一步熟悉当代中国和世界的热点话题; (2)能综合运用已经掌握的话题内容
语篇	(1)体验中文和母语语篇行文思路的差异和共性; (2)在抓住主语的同时,通过修饰、限定成分,理解句子的内涵; (3)掌握简单、比较复杂和复杂的修辞方法,感知更复杂的中文修辞方法; (4)根据汉语普通修辞方法的特征和功能,基本理解口语和书面语篇章所表达的思想感情

第三章　汉语国际教育的课程设计与优化

3. 语言技能

表 3-5　语言技能

技能	技能描述
综合技能	能理解多种场合下多种主题的稍复杂的语言材料,包括与个人工作和专业相关的语言材料,能够把握重点,进行初步概括和分析。能使用一些交际策略参与谈话,包括专业领域的一般性话题的交流与讨论,表明自己的观点和态度,并能了解各种意见。初步体验汉语的方言及地区性差异,熟悉一些简单的成语和俗语的文化含义
单项技能 — 听	能听懂多种场合下稍复杂的谈话和方言,包括与自己的工作或专业相关的一般性谈论,能抓住要点,把握基本事实,明白说话人的目的和意图,其中包括: (1)听懂多种社交或工作环境中稍复杂的交际用语和工作用语; (2)听懂与自己工作或专业相关的讨论或发言,能抓住要点,把握基本事实,明白说话人的观点和论据; (3)听懂话题熟悉、内容稍复杂的讲话或发言,抓住重点并掌握细节; (4)听懂有关技术性或任务性的简单说明或讲解; (5)理解一些成语、俗语的意思,领悟他人话语中暗含的意思; (6)听懂略带口音的话题熟悉的普通话
单项技能 — 说	能就一般性话题进行论述或参与讨论、争论,能清楚地陈述理由,表明观点和态度,能就某些特定的话题,如与工作和专业有关的话题进行进一步的讨论,其中包括: (1)在多种场合下与他人就一般性话题进行有效的沟通和交流; (2)就自己感兴趣的话题进行描述或论证,表达条理清晰,话语连贯; (3)就一些特定话题与他人进行较为深入的交谈; (4)参与讨论或争论,能清楚地陈述自己的观点,反驳别人的观点

续表

技能		技能描述
单项技能	读	能看懂有一定长度的较为复杂的语言材料,抓住大意,掌握重要事实和细节把握篇章的结构,其中包括: (1)读懂有一定长度的论述性材料,抓住大意,掌握重要事实和细节,把握文章的结构; (2)读懂有一定长度的,带有一些成语、俗语、比喻的叙事性文章,准确理解其含义; (3)大致看懂带有一些生词和术语的介绍性或说明性材料,掌握并从中找到所需要的特定信息; (4)能阅读一些与工作、学习、生活有关的浅显的科普文章
	写	能就特定的话题进行描述、记录或说明,撰写相关的文件或文章,语句通顺;能正确反映客观情况,准确地表达自己的观点,其中包括: (1)在口头交际的基础上,就一些特定话题与他人进行书面交流; (2)表达个人的意见与看法,所写言之有物,语句通顺,语篇连贯; (3)会写一般应用文或一定工作范围内的工作文件,格式基本正确,语言表达清楚; (4)能就所听或所读的材料进行总结,有条理地写出摘要或简要报告; (5)能撰写简短的一般性文章,就某些具体或抽象话题进行描述、阐释或说明,用词恰当,表达通顺,能正确反映事实,清楚地表达自己的观点

4. 策略

表 3-6 策略

策略	目标描述
情感策略	(1)在汉语交流中能理解并尊重他人的情感; (2)能在交流中用汉语表达自己的情感、态度和价值观; (3)提高并保持汉语学习的动力并取得与其水平相当的成绩; (4)以多角度看待自己在世界发展中的位置; (5)乐于参与各种活动,主动培养自己对汉语和中国文化的兴趣和良好的学习习惯

第三章 汉语国际教育的课程设计与优化

续表

策略	目标描述
学习策略	(1)就熟悉的话题,找出研究课题进行进一步研究; (2)在学习中,善于抓住重点; (3)能对所学内容进行归纳和整理; (4)理解学习汉语的价值,主动培养自学汉语的兴趣; (5)能将视觉形式的信息转化成复杂语言形式的信息; (6)能对前后学习内容进行纵向梳理和横向比较分析; (7)积极营造学习环境,主动征求他人意见,以解决自己学习中出现的问题; (8)基本了解自己的认知智能,有效调控自己的学习策略,增强学习效果,对自己的学习、计划、监控和评估负责; (9)反思、检查学习目标、进度、过程及采用的策略
交际策略	(1)在教师的指导下,运用情感策略主动参加课堂互动活动; (2)在教师的指导下,运用解释或重复等方式克服交际中的语言障碍; (3)能比较自如地与他人在课内外进行交流; (4)有效地借助手势和表情等非语言手段提高交际效果; (5)真实交际中逐渐注意并遵守汉语交际的基本礼仪; (6)乐于与他人交流学习经验
资源策略	(1)接触各种信息,可以分辨事实与观点; (2)能比较熟练地通过教科书、字典、报纸和杂志,并利用图书馆、互联网等多种资源查找所需信息和资料
跨学科策略	(1)重视自己知识面的拓展,初步具备跨学科知识,初步做到触类旁通; (2)能较熟练地将不同学科的知识贯通于中国语言和文化的学习之中; (3)能较熟练地将所学的中国语言与文化知识贯通于不同学科的学习之中; (4)初步具有比较全面的综合能力; (5)本级跨学科范围包括:历史、艺术、民俗、地理、政治、经济、交通、文学、哲学等

5. 文化意识

表 3-7　文化意识

文化意识	目标描述
文化知识	(1)了解所在国个人及群体学习不同语言的权利； (2)了解所在国个人、社区和社会使用不同语言的权利； (3)了解所在国和中国在经济、文化、科学、教育等方面的发展、交流及成就； (4)了解中国文学、艺术、科学、思想等方面的成就及其对世界文化的贡献； (5)了解汉语语言文化的发展及其在世界文化大家庭中的地位、贡献和作用； (6)了解汉语中常用成语、俗语和某些典故的文化内涵； (7)了解汉语文化中的语言交际和非语言交际的功能； (8)了解汉语文化中的交际礼仪与习俗； (9)了解汉语文化中的社会结构和人际关系； (10)了解中国的某些文化现象并具有对其进行解释的能力； (11)了解所在国华人的创业史和华人对所在国的贡献
文化理解	(1)进一步理解文化不仅可以习得，而且可以通过学习获得； (2)全面理解文化学习和语言学习的关系：语言是文化的重要组成部分； (3)了解中国文化中的价值观念； (4)了解文化的多元性、动态性和相互渗透性； (5)学会运用批判性思维方式学习，了解有关中国文化和所在国文化的能力
跨文化意识	(1)了解有关中国文化和所在国文化的共性和差异； (2)通过学习中国文化，培养跨文化意识； (3)通过对所在国文化与汉语文化的对比，加深对所在国文化习俗和思维习惯的客观认识

续表

文化意识	目标描述
国际视野	(1)通过学习汉语,了解世界文化,拓展国际视野; (2)初步了解汉语的文化现象和渊源; (3)通过学习汉语言文化,培养从不同视角对世界多元解释的能力; (4)通过文化学习,拓宽思维和视野,培养由不同文化因素所达成的思维整合; (5)了解中国与所在国的文化与渊源; (6)培养较强的世界公民意识

第二节 汉语国际教育的教学目标与策略

一、汉语国际教育的教学目标

(一)教学目标的分类

为了评价教学,需要制定教学目标、对教学目标进行分类,如国际上广为使用的布卢姆教育目标分类就主要是为进行教学评价而做的分类。教学目标一般分为三类或三个领域,即认知领域的教学目标、动作技能领域的教学目标和情感领域的教学目标。国内教学设计领域的学者在研讨布卢姆教育目标分类的基础上,结合我国教育的实际情况提出了自己的学习水平分类,归纳如表3-8。

表 3-8　国内学者对三个领域目标的分类

领域＼学习水平	1	2	3	4	5
认知领域	记忆	理解	简单应用	综合运用	创见
动作技能领域	模仿	对模仿动作的理解	动作组合协调	动作评价	新动作的创造
情感领域	接受	思考	兴趣	热爱	品格形成

下面是国内学者对三个领域的教学目标的具体说明(表 3-9 至表 3-11)：

表 3-9　认知领域学习目标的分类

学习水平	具体行为
记忆	记住学过的材料
理解	(1)将学习材料从一种形式转换成另一种形式； (2)理解学习材料； (3)对学习材料做简单判断
简单应用	将学习过的材料用于新的具体情境中去解决一些简单问题
综合应用	(1)对具体综合问题各组成部分的辨认； (2)部分之间各种关系的分析； (3)识别组合这些部分的原理、法则,综合运用解决问题
创见	(1)突破常规的思维方式,提出独到的见解或解题方法； (2)按自己的观点对学习过程的材料进行整理分类； (3)自己设计方案,解答一些实际问题

表 3-10　动作技能领域学习目标的分类

学习水平	具体行为
模仿	(1)对演示、动作的模仿,对工具和装置的使用； (2)把描述语言转化为实际动作

第三章　汉语国际教育的课程设计与优化

续表

学习水平	具体行为
对模仿动作的理解	(1)装置结构原理； (2)动作作用解释； (3)动作结果的解释和概括
动作组合协调	(1)动作分解和组合协调的实现； (2)动作组合计划设计； (3)实验结果的解释和概括，并写出实验报告
动作评价	(1)对动作作用估计； (2)对组合动作、设备进行设计和计划； (3)动作熟练进行； (4)结果的解释、推论及评价
新动作的创造	(1)新情景下对动作的设计和实现； (2)新情景下对结果的解释、整理

表 3-11　情感领域学习目标的分类

学习水平	具体行为
接受	(1)在适当的环境中注意对象的存在； (2)给予机会时有意地注意对象； (3)集中注意教师的讲解或演示
思考	(1)能遵照教师指示做出系统动作； (2)能主动和对象打交道,且与过去的经验发生联系； (3)能有意识地、兴致勃勃地和对象打交道
兴趣	(1)有深入研究的意愿； (2)愉快地和对象打交道； (3)不愿意立即停止自己的思考和动作
热爱	(1)关心对象的存在和价值； (2)价值经过内化成为自己的坚定信念； (3)认识到对象的美,成为自己的理想信念
品格形成	依据自己的价值所形成的信念,内化为自己的品格,并用于指导自己的言论与行动

(二)语言教学各领域的教学目标分类

语言学习各领域教学目标的分类即语言学习的掌握水平,也可以分领域进行描述。参照国内外的分类及有关学者的研究,本书认为可以用表3-12对语言学习内容三个领域的学习掌握水平加以描述。①

表3-12　语言教学各领域的教学目标分类

领域＼学习水平	1	2	3	4	5
认知领域	记忆	理解	简单应用	综合运用	创见
汉语技能领域	感知	理解	模仿	熟巧	运用
情感领域	接受	思考	兴趣	热爱	品格形成

(三)汉语国际教育的教学目标

语言教学的目标也可以分为若干层次,即(1)语言教学的总体目标;(2)构成总体目标的从属目标;(3)教学的行为目标;(4)具体教学目标。教学设计要阐明的教学目标主要是指"具体教学目标"。

(1)总体目标。《国际汉语教学通用课程大纲》规定汉语教学的总目标是"培养语言综合运用能力"。

(2)从属目标。《国际汉语教学通用课程大纲》认为,语言综合运用能力由语言知识、语言技能、策略、文化意识四方面内容组成。

(3)行为目标。

(4)具体教学目标。具体教学目标是教学设计中阐明教学目标的直接内容,对汉语国际教育教学来说,实际上是利用教学设计中阐明教学目标的理论和方法,对行为(内容)目标的具体化,这方面的研究尚显不足,因此只能对此提供如下思路:

---

① 崔永华.对外汉语教学设计导论[M].北京:北京语言大学出版社,2008.

第三章　汉语国际教育的课程设计与优化

第一,建立明确教学目标的意识,明确教学目标,有利于提高教学效果。

第二,教学目标是分领域的,一般分为认知领域、动作技能领域和情感态度领域,这种分类与教学方法的分类相联系。

第三,各领域教学目标的掌握水平都是分层次的,例如认知领域的教学目标由易到难分别为"识记、理解、简单应用、综合运用、创见",汉语技能领域的教学目标分别为"感知、理解、模仿、熟巧、运用"等。

第四,教学目标应当是学习者通过学习后相关的可测量的行为描述。

第五,教学目标的描述有可以借鉴的方法。

表 3-13 是对课本中一课教学目标的说明。①

表 3-13　教学目标的说明

认知领域	词汇	能认读全部词汇,基本没有错误(正确率 90%,下同);能在教师/教材指定的练习中准确使用重点词汇,基本没有错误
	句式	理解所学的句式,能流利地描述教师指定的事物,基本没有语法错误
	学习策略	用比较的方法,区分教师列出的表示不同语法意义的句式,分类基本正确
	文化意识	对中国人家庭的布置和本班同学的民族服装有所了解
动作技能	交际能力	在课堂上描述同学和老师的穿着、环境、行为方式,基本没有错误
	课文	在没有提示的情况下,能够流利地复述课文,基本没有错误
情感	情感态度	学生能投入课堂学习,积极参与互相描述,课堂气氛活跃

---

① 依据的课本是杨寄洲主编的《汉语教程》第二册(47 课)。

二、汉语国际教育的教学策略

(一)立足汉语本身的特质

每种语言都有其独特之处,汉语更是如此,因此要想提高汉语的教学效果,尤其是提高汉语国际教学的效果,必须以汉语的本体研究为重心,在对汉语的语言系统形成深入、细致认识的基础上再进行语言教学,同时在教学中还要注意汉语与其他语言的比较,以加深对彼此特点的认识。

(二)区别学习者的国别、文化差异

在教学过程中除了注重语言自身的差异之外,还要注意区分不同国别学习者自身的文化差异,针对其各自特点在有条件的基础上施行差别教学。文化背景不同导致了学习者的心理、习惯、思维模式及学习方式的差异,这些差异将直接影响学习效果,甚至是引起文化冲突,因此必须有针对性地进行国别化教学,在教学方法、教学理念、教材等方面深入地分析与探讨。

(三)考虑学习者的需求、学习动机

学习者动机的差异也将直接影响学习动力、学习效果甚至是学习内容和方式。以职业为目的的学习者而言,如果其志向是从事导游工作,那么他感兴趣的话题更多地涉及文化、地理、历史等方面,对口语的要求也高于书面语;如果学习者以国际贸易为其职业目标,那他关注的则是经济、贸易、市场等相关领域的知识,一些专业术语是他们首先要接触的内容;如果学习者对中国的文化、历史感兴趣,那他涉猎的范围会更广,学习也就更有持久性。因此在教学中要充分考虑学习者的需求,根据其不同的发展方向有针对性地安排学习内容并采取适当的教学方法。

(四)尊重个体差异

生源的多元化要求我们根据其年龄、文化背景等因素确定有针对性的教学内容和方法,但是就现有的师资教育及师资培训而言,往往缺乏一定的针对性,多是就教育教学的一般规律、一般方法给予引导。比如在东南亚的一些国家,从幼儿园或小学就引入了汉语教学,但是我们的师资却没有接受过针对幼儿及儿童的语言教学培训,因此要在实践中逐渐摸索规律,这必然会影响教学效果。不同年龄的学习者认知规律、学习方法并不相同,应该采用有针对性的教学措施和方法。此外学习者的性别差异,也会直接影响到语言学习,因此针对不同性别的学生也应该采取不同的教学方法。性格差异更是不容忽视的要素,在教学中一定要尊重个体差异,不能"一视同仁"。

(五)关注学习环境的差异

就不同地域的学习者而言,其可利用的学习资源存在一些差异,而且其本身的语言环境也不同,因此在学习中要充分考虑外在环境的差异。对同处于汉语文化圈的学习者而言,尽管汉语难,但耳濡目染使其接受起来较非汉语文化圈的学习者要容易一些。此外一些华裔的学习者由于长期处于双语环境,学习的侧重点相对很少接触汉语的学习者来说自然也存在差异。处于目的语环境和非目的语环境的学习策略完全不同,因此要充分考虑学习者的外在学习环境,以采取不同的教学方法提高学习效果。

(六)选择合适的教学方法

在以上策略基础上,结合我国汉语国际教育的多年实践,借鉴国外第二语言教学经验,一些学者独立思考,探索出"结构—功能—文化"相结合的综合方法,这种方法汲取了结构语言学、功能语言学的长处,同时又将文化因素引入教学,从而能够充分体现教学内容、教学目的的融合。

结构是就语言形式而言的,是指语言系统的构成规则;功能是指语言的交际功能;文化主要涉及用目的语交际必须遵循的风俗习惯、社会文化规范及语言中蕴含的基本国情、一般的社会文化知识。

　　在汉语教学基础比较好的地区,可以尝试采用内容教学法,通过科目或者学科的学习将语言学习与内容学习结合起来,在此过程中语言呈现的形式和顺序主要由学习的内容决定,这和传统的教学方法和理念不同,它强调的是将语言的学习和知识的学习融为一体,既提高语言的使用频率,也强调语言学习的实用性。当然这种教学方式对教学者的要求比较高,目前在北美一些国家广泛使用这种教学方式,教学效果显著。

　　国外的一些汉语学习者,包括华裔汉语教授者更注重趣味性、参与性,因此引导式教学、体验式课堂的教学模式比较流行,从而形成文化引导语言的教学方法和理念,强调在教师的引导下,学习者充分发挥其积极主动性,在体验中获得语言经验和能力,因其更适合青少年的学习心理和特点,因此被普遍应用于欧美的汉语课程中。

第三节　汉语国际教育的教学项目与教材设计

一、汉语国际教育的教学项目

(一)教学项目的定义

　　汉语教学项目是指一个在特定教学条件下、具有特定教学目标的汉语教学实体。

　　以下教学实体都可以称为教学项目:中国某大学四年制汉语言专业的汉语教学、中国某大学面向理工科外国留学生的汉语预备教育、中国某中学为准备报考中国大学的韩国学生开设的汉语教学、中国某国际学校的小学汉语教学、国外某大学东亚系中国学专业的汉语教学、国外某中学的汉语兴趣班的汉语教学、国外某夜校的汉语教学、某外国公司在中国或在国外为职员举办的汉语培训、某孔子学院开设的面向社会各界人士的业余汉语教学、国外某华文学校的汉语教学。

第三章　汉语国际教育的课程设计与优化

以上这些教学实体可能开设于规模不同的正规学校、夜校、网络学校、业余学校,教学期限和周期可以是长期、短期、周末等,但他们都具有以下特征:

(1)有相对稳定的教学对象。可以是大、中、小学生,也可以是从事各种职业的商人、医务人员、教师、公务员等。

(2)有明确的教学目的。教学目的体现在这些实体的课程计划、课程设置、教学原则、教学方法和组织形式之中。

(3)有稳定的教学管理机构和相关管理规章制度。

(4)有稳定的教师和教学管理人员。

(5)有固定的教学地点和相应的教学硬软件。

(二)教学项目的设计

1. 教学项目设计概述

教学项目的设计,学界传统上叫作教学总体设计。总体设计的理论是 20 世纪 80 年代,吕必松根据对外汉语教学的理论和实践而提出的,他把语言教学的过程和教学活动归结为总体设计、教材编写、课堂教学和语言测试四大环节,总体设计的内容和工作程序是确定培养目标和教学要求、确定教学内容、确定教学原则、确定教学途径。这一理论可以看作汉语国际教育设计理论的雏形,其中的总体设计相当于系统层次的教学设计,教材设计相当于产品层次的教学设计,课堂教学相当于课堂层面的教学设计。

教学项目设计的内容包括对项目性质、教学对象、教学总体目标和课程设置的说明。

2. 教学项目的设计过程和方法

吕必松认为总体设计应按照下列程序和方法进行:(1)分析教学对象的特点;(2)确定教学目标;(3)确定教学内容的范围和选择的原则;(4)确定教学原则;(5)规定教学途径(包括专业类型、周课时和总课时、教学阶段、课程设计等);(6)明确教师分工和对教师的要求。

赵金铭将教学总体设计的程序和方法归纳为下列七个方面:(1)分

析该项目的教学性质(如学历教育和非学历教育、进修和速成等);(2)分析教学对象的特点(自然特征和学习目的);(3)确定教学目标(知识结构和能力结构、使用语言的范围、等级水平等);(4)确定教学内容(语言要素、语用规则、相应的文化知识、言语技能和言语交际五个方面);(5)确定教学原则,选择教学的出发点、教学内容的处理方式、技能训练的处理方式以及教学内容中各构成要素的处理方式;(6)规定实现教学目标、落实教学内容的具体途径(教学时间、课时计划、教学阶段划分和设计课程);(7)明确教师分工和对教师的要求。

将吕必松、赵金铭主张的总体设计程序和方法与本书介绍的方法做一个简单比较如表3-14:

表3-14 教学项目设计内容比较

吕必松	赵金铭	教学设计过程
	分析项目的教学性质(类型)	需求分析/确定教学总体目标
分析教学对象的特点 确定教学目标 确定教学内容的范围 确定教学原则 规定教学途径	分析教学对象的特点 确定教学目标 确定教学内容 确定教学原则 规定具体途径	分析学习者 分析教学内容 阐明教学目标 (包括具体途径、选择媒体)
明确教师分工和要求	明确教师分工和要求	制订教学评价方案 (教学评价和设计成果评价)

从上表可以看出,赵金铭与吕必松的基本思想是一样的,可以看作对外汉语教学界五十年实践中形成的共识。本书讨论教学项目的设计,就是在汉语教学设计的基础上,吸取教学设计的理论和方法,试图使之更为完善。

综合以上分析,我们认为教学项目设计可以分为两个部分,一是进行前端分析以确定教学目标,包括以下步骤:分析教学需求→分析学习者→分析教学条件→确定教学目标;二是根据教学目标设置课程,包括以下步骤:确定教学内容范围→制订课程计划→制订各门课程的课程标准(过去称"教学大纲")。

二、汉语国际教育的教材设计

(一)汉语教材的现状

汉语教材建设从1958年出版第一本教材《汉语教科书》开始,到现在已经60多年了。60多年间,我们已经出版了17800余册/种汉语教材,这些教材品种多样,有按学习者水平编写的初级汉语教材、中级汉语教材和高级汉语教材,有按汉语知识系统编写的语音教材、词汇教材、语法教材、汉字教材和文化教材,有按语言技能编写的口语教材、听力教材、阅读教材、写作教材、视听说教材和翻译教材,有按学习时间及训练方式编写的速成教材、强化教材、进修教材和学历教材,有按传播媒体编写的广播教材、电视教材和网络教材,等等。

教材建设的迅猛发展并没有带来预期的理想效果,无论是教师还是学生都对使用的教材不太满意,期待着下一部"好教材"的出现,因此大家还在源源不断地编写和出版新教材。与此同时,教材设计与编写也存在着"在同一水平上重复"[①]等问题,造成资源和成本的浪费。所谓"在同一水平上重复",主要指机械模仿、东拼西凑、照抄照搬等现象。以练习项目为例,"在同一水平上重复"主要表现在:不同的教材类型使用同样的练习形式;一种教材中同一种练习形式的使用频率太高;不分析句子的结构、语义和语用特点,一律套用同一种练习形式,如完成句子等。

造成这种现象的原因是多方面的,但有以下几个主要方面:(1)定位不准,面向成人的、初级阶段的、综合性教材占比较大;(2)通用型教材居多,国别化教材较少;(3)面向目的语环境的教材多,面向非目的语环境的教材少;(4)英语作为媒介语的教材占比较多,其他语种的占比

---

① 程相文. 对外汉语教材的创新[J]. 语言文字应用,2001(4):36-42.

较少;(5)教材参编人员水平参差不一,使得有些教材的科学性、系统性较差。

教材设计是一项系统工程,需要科学的顶层设计和多种要素共同作用。

(二)汉语教材设计的原则

1. 科学性原则

科学性原则是指教材的语言要规范,知识的介绍和解释要科学,教学内容的组织要符合语言学习规律和语言教学规律,它涉及教材体例设计、教材内容选择与安排、词汇和语法点的选择与分布、字词的重现以及练习设计等多方面的内容。教材的科学性具体包括编排上的科学性、数量和比例上的科学性、语言术语的规范性以及注释的准确性和严密性。

2. 针对性原则

什么是教材的针对性,目前还没有一个定义式的说法,多数学者认为,教材的针对性主要体现在针对学习者的客观背景、目的语水平、学习目的、学习时限、学习兴趣以及教学类型和课程类型等情况选择和编排教材内容。我们认为,针对性的基本内涵应该是教材的设计和内容的编排要适合学习者的特点和需求,跟学习环境和条件相符合,体现目的语的重点、难点以及学科性质和课型特点。

3. 趣味性原则

汉语作为第二语言的学习有时是很枯燥的,有趣的教材具有保持学生学习积极性并激发学习动机的作用。就课文趣味性而言,它和内容有关,也和语言形式有关,是内容和形式综合作用的结果。

(三)《HSK 标准教程》系列教材的设计理念与实践

《HSK 标准教程》(以下简称《标准教程》)系列教材以《新汉语水平

考试大纲》(以下简称《大纲》)为指导,秉承"考教结合""以考促教""以考促学"的理念编写,全套教材共 27 册,由姜丽萍主编,北京语言大学出版社 2014 年开始出版,2020 年年底全部出版完毕。

1. 设计理念

(1)"考教结合",注重能力的培养

"考教结合"的前提是为学习者的考试服务,但仅仅为了考试就会让教学走向应试的路子,这不是第二语言教学追求的理念。如何在为考试服务的前提下重点提高学习者的语言能力是教材编写一直在探索的问题。以 HSK 一、二级为例,这两级的考试只涉及听力和阅读,不涉及口语和写作,但《标准教程》在设计时兼顾了听、说、读、写,尤其是从一级开始就进行了有针对性的语音和汉字教学,这为学习者口语和书面语表达能力的培养打下了基础。

(2)融入交际法和任务型教学法的核心理念

交际法强调语言表达的得体性和语境的作用,任务型教学法强调语言的真实性和在完成一系列任务的过程中学习语言,两种教学法都强调语言的真实、情境的设置以及交际过程中学习者语言能力的培养。HSK 考试不是以某一本教材为依据进行的成绩测试,而是依据《大纲》研制的标准化测试,是考查学习者语言能力的水平测试。基于这样的认识,《标准教程》在保证词汇和语言点不超纲的前提下,采取变换情境和场景的方式,让学习者体会在不同情境下语言的真实运用,在模拟和真实体验中学习和习得汉语。

(3)体现主题式教学的理念

主题式教学是以主题内容为载体、以文本内涵为主体所进行的一种语言教学活动,它强调内容的多样性和丰富性。一般来说,一个主题确定后,学习者通过接触与这个主题相关的多方面学习内容,加速对新内容的理解和内化,进而进行深入探究,培养创造能力。《标准教程》为了联系学习者的实际,开阔学习者的视野,从四级开始以主题为单元进行设计,每一主题下又分若干小主题,主题之间相互联系形成有机的知识网络,有序地嵌入学习者的记忆深处。

2. 设计实践

(1)以《新汉语水平考试大纲》为依据,设计《标准教程》框架(表3-15)

表3-15 《标准教程》系列教材设计框架教材分册教学任务

教材分册		教学任务	课数	生词	学时
级别	册数				
一级	1册	HSK 一级内容	15	150	30～45
二级	1册	HSK 二级内容	15	150	30～45
三级	1册	HSK 三级内容	20	300	60～80
四级	2册	HSK 四级内容	20	600	80～120
五级	2册	HSK 五级内容	36	1300	160～240
六级	2册	HSK 六级内容	40	2500以上	240～320
总计	9册		146	5000以上	600～850

(2)教材内容源于考题又高于考题

①词汇。HSK考试严格按照词汇等级出题,理论上只要按照词表选取各级词汇编写即可。《标准教程》严格按照各个级别的词汇编写,并融入一些重组默认词、减字默认词和特例词,并尽量控制超纲词。

②语言点。语言点的掌握是语言表达准确性和层级性的体现,《大纲》语言点只有1～3级,以此为依据很难编写1～6级的系列教材,而汉语教材中语法项目的选择和编排又是教材成败的关键,它涉及语言点的选取、排序,重点、难点的确定、分级,以及练习的呈现,因此构建一套完整的语言点大纲是编写教材的前提。《标准教程》首先修订和完善1～3级语言点大纲,然后补充了4～6级语言点大纲,最后构建出1～6级语言点大纲。

③话题。所谓话题,即谈话的主题,它是一段对话或短文的主旨。以话题为纲设计教材有诸多好处,例如,话题围绕日常生活展开可避免为某个语法项目虚构情景的弊端,可使词语和语法点在不同的语境中得以复现并逐渐扩展。由于HSK试题涉及方方面面的话题,《标准教程》在5000词范围内构建了话题大纲,即一级话题10个,分别是日常生活、

第三章　汉语国际教育的课程设计与优化

信息表述、教育、职业工作、社会文化、文学艺术、科技、体验感悟、经济、自然,二级话题 49 个(略)。教材在编写时力求多角度、多层面呈现话题,目的是让学习者有话可说,且说深说透。

④练习。《标准教程》的练习兼顾了听、说、读、写各个方面,课本中的练习适合课堂操练和活动,偏重训练听、说、看技能和口语表达能力;练习册中的练习适合学生课下完成,偏重听、读、写等分项技能和交叉能力的训练。课本和练习册相辅相成,共同培养学习者的语言综合运用能力。

第四章　汉语国际教育中的文化教学研究

随着经济社会的发展和综合国力的提升,中国的国际地位显著提高,世界各国掀起了学习汉语的热潮。随着来华留学生人数越来越多,我国已成为亚洲最大的留学生目的国。我国汉语国际教育专业毕业生每年将近2万人,为传播中国优秀文化、提高汉语在国际社会的影响力发挥着重要作用。

然而当前汉语国际教育也存在着一些问题,比如教师在教学过程中通常侧重于现代汉语语音、词汇和语法知识及技能的教学,而忽视了中国文化教育,影响了教育效果。加强汉语国际教育中的中国文化教育,有助于让更多来华留学生了解中国文化的魅力,激发留学生的学习兴趣,提高汉语国际教育的质量和效率。

第一节　文化对汉语国际教育的意义

一、文化在汉语国际教育中的体现

中国是一个有着五千年悠久历史的文明古国,千百年来的文化积淀使得中国的文化博大而精深。无论是绵延万里的伟大建筑长城、散发着浓郁地域特色的北京四合院、精巧细致的中国剪纸,还是潇洒帅气的中国书法……这些无不展现着中国文化的缤纷多彩。然而在实际的汉语国际教育中,文化的涉及范围并没有这么广,其中只包含对文化的一些

第四章　汉语国际教育中的文化教学研究

基本理解、知识、跨文化意识和国际视野几个部分。在实际的汉语国际教育中,教育工作者也常常组织一些具有中国传统文化的活动,比如教留学生包饺子,通过对中国传统节日中的一些习俗来间接传递中国的文化,以实践的形式帮助学生更好地了解中国;在日常的授课中,也同样会穿插手工剪纸、中国书法等最具代表性的文化形式来丰富授课内容。汉语国际教育不仅是语言的教学,更是文化传播、文化教育的过程,任何一个学习者都应具备学习文化的意识。

二、文化在汉语国际教育中的重要性

(一)缓解文化冲击对留学生的影响

传统的教学过程是语言上的交流,平淡无味。单纯的语言教学对于普通教学而言都很难展开,对于留学生而言是难上加难。初到一个陌生的环境,留学生对全新的国度没有任何概念,加之语言的障碍,使得教学工作难以开展,但如果从文化入手,这个问题就变得简单。以欧美留学生为例,在欧美国家的教育过程中,他们崇尚独立自主和个性化发展,对学生的个性培养十分重视,在日常的教学过程中也是将学生作为教学的主体,以学生为中心,成绩的好坏都是由学生自己对自己负责的,但在中国却截然相反,课堂的中心是教师,整体的教学路线是由教师起主导作用的,学生的学习状态更是教师关注点所在,中国式教育更加注重的是共同发展。对于如此的教育差别,文化差异的学习和理解就显得尤为重要,想要欧美留学生接受中国式的教育方法,就应该先让他们理解中国式的教育方式,只有从文化层面理解了国家间的差异,才能更好地在这个国家进行学习和生活。

(二)激发学生的学习兴趣

对于留学生而言,异国他乡的学习总是充满着惊喜,这里有他们从未见过的食物、建筑,也有他们认为很厉害的中国功夫,所以在汉语国际教育中,更多地变成了文化的交流和对文化的学习。中国的武打动作片在国外很受追捧,中国功夫被视为中国文化十分具有代表性的标志,如果在日常的汉语国际教育中,能将中国功夫的内容穿插进来,更能够激发学生的学习兴趣和关注度,一个简单的功夫动作,一种精巧的武术用品乃至一个出色的武打明星,都是留学生感兴趣的东西。在文化交流过程中,我们渗透出的中国文化就是汉语国际教育中最应融入的教学内容。

(三)有效提高学生对汉语的理解

汉字是中国文化中最难理解的,即使是中国人,对于汉字都无法做到全部理解,这主要表现在语法和词语语义上面。语法是词语、句子和篇章的构成、理解表达的法则,是长期抽象思维的成果和社团的约定,它反映着一个民族的思维倾向和文化心理习惯,留学生不理解汉民族的文化背景,就难以理解汉字所展现出的实际意义,不仅如此,在实际的汉语运用过程中,也经常会出现语序、语法的错误。在汉语国际教育中的中国成语、谚语的教学中,学生经常难以理解词语的意义,例如成语"死诸葛能走生仲达",学生在不知道诸葛亮和仲达的情况下是不能够理解成语的含义的,这个成语是讲三国时蜀军主帅诸葛亮病死军中,蜀将姜维等遵照诸葛亮遗嘱,秘不发丧,缓缓退军。魏军主帅司马懿(字仲达)率军追击,见蜀军帅旗飘扬,孔明羽扇纶巾坐在车里。司马懿怀疑是孔明用计诱敌,赶紧策马收兵,意在说明人本领很高,很聪明,有后备,就算他离开了,其他人照这样做,也能起到"起死回生"的效果。中国的成语常常源于历史故事和诗文词句,所以想要深入透彻地了解汉语,就要先从文化开始学习。

三、文化教育在汉语国际教育中的发展方向

文化是一个国家的"名片",文化教育也是对外汉语教学的重心。悠悠的历史长河中,各民族、国家的文化发展都处于求同存异的发展状态,但更多的是差异性。对于四大文明古国之一的中国而言,对外汉语想要长久地发展下去,就应该从文化教育的方向入手,探索如何

将文化教育与对外汉语教学有效地融合,通过教学的方式,让更多的留学生了解中国文化、学习中国知识,将文化的发展与对外汉语教学的发展一同推向巅峰。

第二节　文化视阈下汉语国际教育的困境

汉语是中国文化的重要组成部分,在国际汉语教育教学过程中,教师越来越意识到了文化在语言教育中的作用,并有针对性地增加了中国文化课程在汉语国际教育教学中的比重,以帮助来华留学生更好地学习汉语。然而在教学实践中仍然存在不少问题,具体体现在以下几个方面:

一、未能充分考虑来华留学生个体差异

随着中国国际影响力的不断提升,世界各地掀起了学习汉语的热潮,来华留学生的人数不断增长。汉语国际教育的主要对象就是来华留学生,他们来自不同国家,拥有不同的生活习惯和语言习惯,而且每个人学习汉语的动机都不同,这在一定程度上增加了汉语教学的难度。

汉语属于汉藏语系,不同于印欧语系,语素有单数、复数、时态等方面的变化,大部分汉语语素为单音节,不同语素组合成词语,因此双音节词语较多,且缺乏具有语法意义的标志。一类词语可以充当多种句子成分,词语组合的语法意义受到语义、语境的影响,这对部分来自印欧语系国家的留学生来说具有一定难度。①

来华留学生学习汉语的目的不同,有的人想了解中国文化,有的人是为了留在中国工作,不同的学习动机会对学习效果产生影响,很多学生在学习过程中仅侧重语言学习,而忽视了学习中国文化的重要性。

---

① 俞悦.浅析中国文化在汉语国际教育中的"支柱性"作用[J].中外交流,2018(37):111.

另外,学生学习能力的个体差异也会对学习效果产生影响。同一个班级,在一样的教学进度下,有的学生学习速度快,有的学生接受能力有限,无法很好地掌握文化知识和内容,影响到了学习的积极性。

二、课程内容单一,教学方法落后

目前,我国大部分高校的汉语国际教育课程都以学习汉语为主,语言类课程超过整个课时的三分之一,中国文化课程以选修课或课外活动为主,课时相对较少,且课程设置比较随意,缺乏系统的教学计划。

中国文化包罗万象,包括传统思想、舞蹈、书法、绘画、建筑艺术、民间工艺、民风民俗、饮食文化、茶文化等内容,目前国际汉语教育中的文化课程内容相对单一,选修课主要讲授中国文化通识,实践活动以剪纸、饮食、绘画等内容为主,缺乏舞蹈、传统思想、宗教哲学、建筑艺术、民间工艺等内容的教学,导致来华留学生对中国文化缺乏全面了解,也影响了学生学习的积极性。

此外教学方法也存在一定问题,受传统教学理念的影响,中国文化课程的教学以教师讲解或课外实践的形式开展,虽然有助于学生建立对中国文化的认知,但是由于来华留学生在国家背景、历史文化、学习动机等方面存在差异,这种教学形式未必适用于全部学生,容易导致部分学生学习兴趣缺乏。语言类课程则以汉语拼音教学为主,汉语拼音作为来华留学生学习汉语的重要工具,需要学生掌握声母、韵母、声调等的用法,然后根据拼音拼读汉字,以掌握正确的汉字发音。很多学生可能会将拼音字母与英文字母混淆,需要教师多次向学生示范正确发音,并让学生反复跟读练习,这种单一、枯燥的教学形式也会影响教学效果。

三、整体师资水平不高

来华留学生来自不同国家,自身具备一定的知识和阅历,因此需要教师有较高的综合素质,才能更好地解决学生在学习过程中遇到的问题。①然而目前我国高校汉语国际教育教师大部分侧重语言教学,缺乏对中国传统文化的研究,自身的传统文化水平不高,无法满足学生的学习需求。

第三节 文化视阈下汉语国际教育的策略

一、加强中国文化在汉语国际教育中的渗透

目前高校已逐渐认识到中国文化的学习在汉语国际教育中的作用,开始将其融入汉语国际教育的各个环节。

汉语国际教育教师在进行汉语教学前需要对班级学生进行摸底,了解每个学生的国籍、教育背景、汉语水平、学习目的等信息,以便在掌握学生实际情况的基础上,充分尊重和考虑学生的学习目标、认知水平和文化背景等方面的差异,在教学中有的放矢。教师可以根据学生的具体情况,选择相应的文化课程内容,比如有的学生可能受电影影响,对中国的武术感兴趣,那么在教学过程中,教师就可以尝试将与武术有关的内容渗透到教学环节中,帮助学生更好地了解中国武术文化,激发学生的学习积极性。②

在汉语国际教育教学过程中,教师应有意识地将中国文化融入教学的各个环节。课前教师可以给学生布置任务,让学生通过网络、图书馆等途径提前预习相关内容,比如在学习汉语拼音时,让学生搜索汉语拼音背后的故事、汉语拼音的演化过程等,以此激发学生的学习兴趣。在学习中国书法时,介绍我国书法的集大成者王羲之,让学生课后去搜集与王羲之有关的内容,通过这样的方式,让学生了解书法背后的故事,而不是仅仅了解书法的类型。

---

① 刘程,刘梅. 来华留学生课堂教学中的中国文化教育研究综述[J]. 云南师范大学学报(对外汉语教学与研究版),2020,18(1):17-22.

② 李雅,夏添."一带一路"背景下中亚汉语国际教育与中华文化传播机遇与挑战[J]. 当代教育与文化,2019,11(6):31-36.

二、丰富文化课程的内容和教学形式

中国文化博大精深,考虑到来华留学生的个体差异,教师可以在教学中选择更多不同的内容来丰富课堂。比如将中国书法、剪纸、戏曲、建筑艺术、民俗民风、民间工艺等各种文化类型融入课堂,让学生接触到实实在在的中国文化,而不只是一个概念或知识点。又如在介绍民间工艺时,教师可以向学生展示中国的瓷器、剪纸、刺绣、少数民族服饰等众多领域与之相关的内容,让学生从中找到自己感兴趣的点,满足学生多样化的学习需求。此外教师还应积极开展课外实践活动,让学生走出校园,走进历史博物馆,参观文化古迹,近距离感受中国文化的魅力,让身临其境的文化体验促进学生的文化认知,加深留学生对汉语言的认识,提高他们的语言运用能力。[1]

要提高汉语国际教育的教学水平,教师还需要丰富教学形式,充分运用现代互联网技术,采用微课、翻转课堂等新型教学模式,解决汉语教学中的痛点和难点。教师也可以录制文化课程的相关视频,将其上传到网络,使学生可以随时随地学习,打破时间和空间限制。

三、提高教师的综合素质

高校要加强对双文化教师的培养。首先,教师要加强对中国文化知识的学习,提高自身的文化素养,[2]不仅要了解汉语语法知识,还要全方位了解中国各民族的文化,以便在教学过程中充分挖掘素材中的文化元素,将其融入课堂教学,满足不同留学生的个性化学习需求。其次,教师在系统掌握中国文化知识的基础上,还要加强对不同学生文化背景的了解,尊重不同国家的文化差异,在教学过程中尽量避开学生的文化禁忌,以免引发文化冲突,影响学生学习汉语的积极性。

---

[1] 张建民. 汉语国际教育中的语言与文化问题[J]. 中国语言战略,2017,4(2):4.
[2] 方江伟,类召磊,赵轩. 汉语国际教育中文化教学与传播[J]. 越野世界,2020,15(5):238.

第五章　汉语国际教育内容与跨文化交际能力培养

随着我国政治、经济地位在国际上的影响力越来越大,汉语国际教育显得尤为重要。汉语国际教育是指面向母语非汉语者的汉语教学。推动汉语国际教育能够更好地满足其他国家储备汉语人才的需求,也是我国教育国际化的一种有效传播手段,为此汉语国际教育在教育事业中具有举足轻重的地位和作用,深入了解汉语国际教育中的内容是很关键的。

第一节　跨文化交际下的汉语基础知识教学

一、语音教学

(一)语音教学的性质和地位

语音是语言的物质外壳,是各个语言系统最外在的形式特征。语言作为最重要的交际工具,交际的主要形式之一就是通过语音来传递信息、表达意义。因此语音教学是第二语言教学的基础,也是培养学生第二语言交际能力的前提。任何一种第二语言教学,一般最早接触的就是语音。在日常交际中,无论是说词还是组句,最终都要用语音形式来表达,即使学生系统地掌握了汉语词汇和语法知识,一旦发音不正确,也同样会造成交际障碍,因此培养学习者正确的发音习惯,对他们是否能使用汉语顺利进行交际尤为重要。但是与学习词汇和语法不同,学习语音更要靠大量的听辨、模仿练习来培养新的发音习惯,而新习惯的养成则是一个长期、艰苦的过程,因此语音教学具有基础性、长期性、实践性等性质,是汉语国际教育实践中最基本的环节。

正确认识语音教学在汉语国际教育中的地位,一方面必须明确语音教学的基础性和重要性,另一方面也不能夸大语音在汉语学习中的作用,必须把握好教学质和量的问题。虽然在有关的研究和实践中,语音教学并未处在中心地位,但是学界普遍认可它是汉语作为第二语言教学的根基和难点,语音难点也是许多学习者难以克服"洋腔洋调"的主要障碍。语音教学的目的和任务就是让学习者克服语音障碍,学会准确、流利地发音,为顺利进行口语交际奠定基础。

(二)语音教学的内容

汉语语音方面的特点主要包括:(1)有声调;(2)没有复辅音;(3)元音在音节中占优势。在语音教学中,教师需要根据汉语的语音特点,教会汉语学习者关于音节的基本知识,从声、韵、调三方面着手,让他们弄清发音部位、掌握发音技巧、克服发音困难,准确发好声调。

1. 声母

在声母教学中,教师首先需要弄清学习者易混淆的几组声母发音,再寻求有效的方法进行正音训练。学生的主要发音难点包括送气音和不送气音、舌尖前音和舌尖后音、清音和浊音等,具体包括以下几类:

(1)送气音和不送气音

由于送气音和不送气音在汉语中有区别意义,而在其他很多语言中并没有这种作用,所以学习者很容易混淆 b/p、d/t、g/k、j/q、z/c 和 zh/ch 这六组声母,尤其是日本、东南亚、东欧及拉美一些国家的学生,受母语负迁移的影响很大。一般来说,送气音难发,不送气音容易发。学习者常见的错误是把送气音发成不送气音,或者送气音的发音不到位,针对这种情况,教师可以先使用纸张或手掌进行示范,给学生展示送气声母和不送气声母发音时气流强弱的不同。在示范发音时,教师也要有意

第五章　汉语国际教育内容与跨文化交际能力培养

识地放慢发音动作,拖长送气音的送气时间,便于学生进行模仿并体会其中的区别。

(2)z/zh/j,c/ch/q 和 s/sh/x

这三组声母的发音方法相同而发音部位不同,主要是舌尖前音、舌尖后音和舌面前音的区别。换个角度来看,z/c/s、zh/ch/sh、j/q/x 各组声母的发音部位相同而发音方法不同,主要是送气和不送气、塞擦音和擦音的区别。由于很多语言没有类似的语音对立,所以学生也很容易产生混淆,例如母语为英、日、法、德等语言的学生容易把 zh、ch、sh 发成 j、q、x,韩国学生常把 zh、ch、sh 发成 z、c、s,其中,s/sh/x 的混淆现象较为突出,应作为教学的重点。在实际教学中,由于不同的舌位较难直观感受,所以教师在说明时可以借助图示或手势将发音部位形象化,用双手模拟口腔上颚和舌头,用下面手指向上或伸直的动作来表示舌头的不同动作。

(3)h/f/p

这三个音常因受到母语干扰而产生语音偏误。日本学生常混淆 f 音和 h 音,韩国学生往往将 f 音发成 p 音,母语为韩语或英语的学生发 h 音时,发音部位,又往往过于靠后。针对不同的偏误类型,我们可以采用不同的教学策略:第一,针对 h/f 相混的情况,我们可以先教比较容易发的音。h 音会受与它相拼韵母的影响,其发音的难易程度有所不同,例如 h 音与 a 韵母及以 a 开头的韵母相拼时,一般发音较为容易,而 h 音与 u 韵母及以 u 开头的韵母相拼时,就容易发成 fu 音,因此教师可以让这些学生先练习 h 与 a 开头的韵母相拼,习惯了 h 的发音后再练习与 u 开头的韵母相拼。第二,针对 f/p 相混的情况,我们可以用夸张法展示不同的口型,做好示范。第三,针对那些习惯把 h 音发成喉音的学生,教师应指出 h 发音时声音响并能拖长,但是发音部位一旦靠后,声音不响也不能拖长。

(4)l/r

这两个音都是舌尖音,前一个是舌尖中音,后一个是舌尖后音,前一个是边音,后一个是浊擦音。多数国家的学习者很难区分这两个音,因为很多语言里没有 l 或 r 音,只有跟它们很接近的闪音,所以韩国、日本、印度尼西亚的学生在发音时常只有舌头颤动;欧美学生发 l 音时舌头肌肉过松,容易发成英语词尾的辅音,发 r 声母时,往往发音部位太靠后或者摩擦音过重。在教学中,教师除了可以利用图示法展示发音部位,还可以使用带音法,用一个容易发的音带出另一个发音部位相近但却较难发的音,如利用 sh 音带出 r 音:先让学生拖长发出 sh,舌头不动,声带振动,就可以发出 r 音。

2. 韵母

(1)单元音韵母

元音 i 的不同音位变体是一个教学难点,i 在 b、p、m、d、t、n、l、j、q、x 声母后发成舌面元音,在 z、c、s 后发成舌尖前音,在 zh、ch、sh、r 后发成舌尖后音,学生常把两个舌尖音误读成舌面元音。为降低难度,教师不必刻意单独教舌尖元音,而应该让学生结合声母进行整体认读,多做成组练习,培养他们的辨别意识,避免因混淆音位变体而产生的误读。

u 和 ü 的发音偏误也十分常见,特别是 ü,因为多数语言中没有这个音。我们可以用带音法加以引导,先让学生发出 i,然后保持舌位不动,将唇形由扁变圆,即可发出 ü。另外需要说明的是,由于汉语拼音的书写规则,j、q、x 在和 ü 相拼时,ü 需要去掉两点写成 u。欧美学生发 u 时,有时会读成类似英语 book[buk]中的[u],对此教师可以让学生尽量收拢嘴唇,开口度小一些;日本学生发 u 时,常发成类似日语里う的音,对此教师应鼓励学生做好圆唇的动作,嘴唇尽量突出,在发音时可以做吹蜡烛状;还有一种情况是学生注意到了圆唇,但是忽视了舌位的区别,从而混淆了 u 和 ü 的发音。除了可以借助舌位图进行教学、将 u、ü 和 o 作对比发音之外,教师还可以运用肢体动作,让学生在发 u 时仰头,发 ü 时低头,帮助学生迅速找到发音的感觉。

e 的语音偏误常见于欧美和日本的学习者,欧美学生容易发成英语里的[ə],日本学生有时会把 zh、ch、sh 后面的 e 读成卷舌音,对此我们也可以用带音法,用 o 音带出 e 音,告诉学生发 e 时表情很像是在微笑。

(2)复元音韵母

由于复韵母是由 2 个或 3 个元音构成的,所以在发音时特别需要注意口形和舌位的变化,韵腹的发音要响亮一些,但也要注意准确发介音和韵尾的音。和音节的拼读不同,复韵母是一个音而不是一组音,所以教师要注意避免将复韵母拆开或延长发音,以培养学生对复韵母的整体语感。复韵母的发音训练需要多做成组的对比练习,可以建议学生课下对照镜子反复练习,体会发音的动程。

第五章　汉语国际教育内容与跨文化交际能力培养

受到单韵母发音困难的影响,学生常见的发音难点体现在介音 i、u、ü 的发音上,具体表现为换介音、丢介音和加介音,如把 duàn 读成 diàn、yuán 读成 yán、rèn 读成 rùn,这都是发音部位不到位引起的偏误,其中第三种情况常见于母语是英语的学生,他们往往在声母 r 后的音节中不自觉地加入 u 音,这是因为英语中发 r 时会带有一个圆唇动作,如 run。

在教学中,我们还要教会学生汉语音节的拼写规律,避免拼合错误。针对实际的发音偏误,教师不仅要及时纠正,还需要根据汉语的声母、韵母拼合表去设计一些对比练习,帮助学生巩固正确的发音。

(3)鼻韵母

鼻韵母的教学中,教师首先要注意把元音和鼻音韵尾作为一个整体来读,不能用鼻化音代替整个鼻韵母。鼻韵母的学习难点主要集中在分辨前鼻音和后鼻音韵母上,针对这种情况,教师可以引导学生发韵尾为-n 的前鼻音时,舌尖最后一定要抵住上齿龈;发韵尾为-ng 的后鼻音时,可以先做好发 g 的动作,然后只用鼻子发音,舌面后部应轻抵软腭。另外,复合鼻韵母的发音也需要注意介音的发音问题。

3. 声调

声调是学生学习汉语语音面临的共同难点。正因为汉语的声调有区分意义的作用,故声调发音的准确性直接影响口语交际,声调不正确也是造成学习者洋腔洋调的主要原因。普通话的 4 个调类常用"五度标记法"来表示其调值,我们可以通过展示五度声调示意图,让学生先对 4 个调类有个较为直观的认识。

一般来说,学习者最常发错的声调是阳平和上声。学生发不好第二声,主要是因为这个调值起点较高,容易在高音时升不上去,为方便纠音,教师可以让学生多读去声和阳平相连的词语,如四十、看台等。学生在发第三声时,常与阳平相混淆,出现声调降不下来或拐弯不够明显的情况。

在进行四声训练时,一般先教容易发的阴平和去声,再教阳平和上声。综合一些实证调查可以发现,以英语、韩语、日语为母语的学生偏误最严重的是上声,主要属于调型偏误,母语是声调语言的泰国学生偏误最严重的是阴平和去声,主要属于调域偏误,因此声调的教学顺序也并非固定不变,可以根据学生实际的偏误情况做适当的调整。在教学中,教师也可以使用手势或头部动作展示不同的调型变化,或用乐音进行声调的模拟,并辅以大量的带音训练和对比练习。

4. 语音变化

在教学实践中我们不难发现,即使单个音节的发音不成问题,可一旦到了口头表达就出现了很多问题,这主要是因为一些音节在连续发音的情况下发生了语音变化,这就是"语流音变"现象。典型的语流音变主要包括连续变调、轻声和儿化,其中连续变调以二字连续变调为主,这些语音变化的规律十分复杂,让学习者很难去适应和记忆,因此教师要引导学生特别注意一些常见变调,在语流中掌握汉语语音变化的规律,注重语感的培养,而非强制要求学生去记忆。

(1)上声和去声变调

上声变调是最常见的连续变调,在学生掌握本调的基础上,教师再对他们进行变调规律的指导会更为有效。在词语末尾的上声音节调值不变,在非上声字(含轻声)的前面,上声的调值从 214 变为 21,如雨天、语言、努力、骨头等。当上声字连读时,主要分三种情况:

第一,两个上声相连,前一个调值变为 35,如老虎、很好等,当后一个上声改读轻声时,前一个调值有的变为 35,如想起、手里等,有的变为 21,如姐姐、耳朵等。

第二,三个上声相连时,根据不同的词语内部结构,会发生两种变调,一种是 21-35-214,如小老虎、很美好等,一种是 35-35-214,如展览馆、舞蹈组等。

第三,如果连读的上声字超过三个,可以根据词语结构按前一种情况适当分组后再变调。

去声的变调就比较简单:两个去声相连,前一个如果不是重读音就变为半降调,调值为 53,如电线、正确等。

(2)"一"和"不"的变调

在"一、七、八、不"的变调中,学生需要注意的主要是"一"和"不"的变调。为方便记忆,我们可以合起来看这两个变调:

①单独发音或用在词尾时,"一、不"的声调不变,"一"为阴平,"不"为去声,如唯一、绝不等。

②在去声前,两个音全部变成阳平 35,如一样、一看、不怕、不对等。

③在非去声前,"一"变调为 51,"不"仍保持去声,如一年、一起、不

第五章　汉语国际教育内容与跨文化交际能力培养

想、不难等。

④在两个重叠词之间,两个音都读轻声,如坐一坐、听不听等。此外,在可能补语中,"不"也读轻声,如看不完、到不了等。

(3)轻声

轻声是出现频率颇高的一种变调,它必须依附在其他音节后发音。汉语拼音方案规定轻声不标调,其音高取决于它前面那个字的声调,但是在实际教学中,为减轻学习者的负担,我们一般不刻意对轻声进行分类,教师多采取对比练习的方法,培养学生对轻声的语感。在学生掌握发音后,我们再介绍一些发音规律,也就是哪些音必须发成轻声,如助词、语气词、方位词、名词后缀、叠音词等,但不必在初学阶段就一一罗列具体的词,教师应强调可以用轻声来区别意义的一些词,如东西、买卖、大意等,而对于很多可发轻声也可不发轻声的词,不用做特别说明。

(4)儿化

儿化音是韵母 er 用在其他音节后产生的特殊音变。儿化音写作汉字需要单独用"儿"表示,但是在发音时并不单独发音,只需要在前面的音节韵母后附加卷舌动作。有些音节不能直接加上卷舌动作,就必须先改变原来韵母的特色,例如韵尾是-i、-n 的音节儿化时,韵腹元音会央化,韵尾是-ng 时,韵腹元音会鼻音化。对于儿化音的训练,可以借鉴轻声的处理方法,尽量简化复杂的音变规则。另外,儿化音有区别词义、词性和感情色彩的作用,如眼(眼睛)—眼儿(小孔)、画(动词)—画儿(名词)、小孩儿(喜爱、亲切的感情色彩)等,遇到这种情况需要及时向学生说明。

语流中的语音变化较为复杂,学生不可能立刻掌握,可以分散到各阶段的语音训练中。事实上,语音教学是一个不断练习和巩固的漫长过程,教学内容也相对比较枯燥,教师必须时时鼓励学生,遵循一定的原则、使用恰当的方法,帮助他们打好基础,顺利通过"语音关"。

(三)语音教学的原则和方法

1. 语音教学的原则

(1)以语音理论为指导,强调示范和模仿

教师示范和学生模仿是语音教学的传统方法。学生要掌握发音技能,必须经过反复的模仿和操练,教师应做好示范,先培养学生的听辨能力再让他们进行模仿发音,帮助学生体会发音的不同动作和要领,在正确发音的基础上,还要督促学生反复操练,加以巩固。

当然,单纯的模仿并不足以学好发音,特别是当学生遇到难发的音和调时,一味地要求他们模仿只会起到相反效果,不仅耽误时间,也会挫伤学生的自信心和积极性。在这种情况下,教师就必须借助有关的理论知识,把语音知识转化成简单明了的教学手段,帮助学生理解正确的发音方法,从而克服语音困难。因此教师必须在语音理论的指导下,不断探索和应用各种有效的教学手段。

(2)音素教学与语流教学相结合

音素教学和语流教学是语音教学两种不同的教学思路,音素教学强调打好语音基本功,从汉语单字的音素(声母和韵母)入手,先教好音素和声调,再逐步过渡到词组、句子和会话练习;语流教学则包含很多内容,如变调、停顿、重音、语调、节奏等,强调语音的准确和连贯。在实际的语音教学中,不能总停留在音素教学的阶段,教师应在短时间(一般在两周左右)的语音集中教学后,再将语音教学和词汇、语法和课文教学相结合,在语流训练中培养学生的语感。

(3)循序渐进,适应不同的教学阶段

语音教学贯穿整个教学过程,我们在不同的教学阶段对语音教学有着不同的要求,对不同的语音项目也有不同的教学要求,这两者都是一个由易到难、循序渐进的过程。

在进行语音项目的教学中,应根据学习者的具体情况判定语音项目的学习难度,从简单、好发的音着手,再过渡到相似的难发音上。如很多语言没有圆唇音,而 i 这个音大部分语言都有,所以在教圆唇音 u、ü 时就可以先教 i,由 i 再带出 u 和 ü;在教复韵母发音时通常用单韵母引出;声调教学中也一般先教好发的降调,再教较难的声调,常用第四声带出第二声。

语音教学还需要适应初、中、高级不同的教学阶段,不断提高语音的教学目标和对学生的语音要求。初级阶段的语音教学不要求学习者掌握所有的语音规则,力求简化语音的基本知识,帮助学生打下一个良好的语音基础。到了中、高级阶段,可以针对学生在听辨和发音中存在的难点和偏误设计练习,有计划地改善学生的语音问题,培养学生的语感,内化语音规则。

第五章　汉语国际教育内容与跨文化交际能力培养

(4)对症下药,因材施教

在语音学习中,学生难免会出现大量的语音偏误,不同国别的学习者表现出的偏误也各不相同,这时教师应根据学习者的实际情况,总结偏误的类型和成因,从而有针对性地进行教学,防止错误的僵化。比如韩国学生普遍发不好 zh、ch、sh 声母,泰国学生的阴平和去声发不准确,教师应仔细分析学生的偏误情况,帮助学生克服发音困难。教学中也要进一步明确学生普遍存在的语音难点,有效分配教学资源。

除了受到不同语言背景的影响之外,学习者也存在一定的个体差异,每个学生的学习动机、语言态度、性格特征、心理状态等都各不相同,因此教师在语音教学中也需要了解学生的个体需要,注意教学的方式方法,激发学生的兴趣,引导学生积极主动地参与教学活动,营造轻松活跃的课堂氛围。

2. 语音教学的方法

(1)演示的方法

语音教学的内容较为烦琐,注重细节性和准确性,教师应首先做好示范,采用多种技巧,提高语音教学的直观性,还可以利用听觉和视觉、发音和书写相结合的方式加深学习者的印象。前文也提过,根据不同的教学内容,具体的演示方法也应有所不同,主要包括:第一,直观演示法,如展示舌位图;第二,形体手势法,如声调的教学;第三,夸张发音法,如强调 u 的圆唇发音;第四,语音对比法,如对比英语和汉语中 r 的发音、汉语中送气音和不送气音的发音;第五,拖音带音法,如有意拖长送气音、用 sh 音带出 r 音、用简单音带出难音;第六,固定发音法,帮助学生固定发音的部位和方法。教师要根据情况选择适合的训练方式,让学生在不断地听辨、模仿和认读中培养和巩固正确的听音、发音习惯。

(2)操练的方法

学习语音是一个不断巩固和提高的过程,教师需要配合大量操练及时帮助学生复习、巩固学过的语音知识,因此教师应要求学习者不仅在课堂上积极参与练习,还要在课下进行自我训练。

第一,成组对比练习。将相近、易混淆的音放在一起进行听辨和朗读对于正确发音很有帮助,语音技能就是在不断的对比练习中逐步积累和提高的,如对 z/zh/j,c/ch/q 和 s/sh/x 的分组练习、i、u、ü 的成组练习、易混声调的音节组合练习等。

第二,游戏法。为调节气氛,避免重复练习的枯燥,教师还可以采取游戏的方式帮助学生练习发音。可以开展竞赛类的练习,如将学生分组,举行小组之间的绕口令比赛,还可以设计活动类的游戏,如让学生辨别易混音,听到送气音就站起来,听到不送气音就坐下,并逐渐加快练习的速度。

第三,机械性训练与有意义的训练相结合。机械性训练主要是不断模仿和重复练习发音,它有利于巩固正确的发音习惯,却难以激发学生的学习兴趣,有意义的训练则体现了语言的交际性,让学习者在有意义的表达中掌握发音规律,提高学习效率。教师在教学中应该扬长避短,将两种训练很好地结合起来,既要注重基础,也要强调运用,保持语音训练的张弛有度。

(3)纠音的方法

纠正学生的发音错误也是语音教学的一个重要环节。教师要善于运用启发式教学,不能模仿和放大学生的错误,应鼓励那些有能力纠音的学生进行自我纠错。教师虽然要严格要求学生的发音,但也要注意纠音不宜过于频繁,必须以不影响学生口语表达的完整性为前提。

(4)测试的方法

教师在测试学生的语音水平时,常分为听力和口语两部分。在听力测试中,主要考查学习者的听辨和理解能力,在口语测试中,主要考查学生的发音、辨音和流畅表达的能力。

综上所述,一名合格的国际汉语教师应该做到:①了解语音的内涵和相关概念,不断积累汉语语音学方面的专业知识;②掌握语音教学的规律和原则,了解学习者发音的难点,灵活运用课堂教学的方法技巧;③有效利用《汉语拼音方案》;④严格要求和锻炼自己的普通话发音,避免家乡方言的不利影响。

二、词汇教学

词汇作为语言的三要素之一,是语言表达的前提条件。杨惠元从词汇教学和句法教学关系的角度出发,指出要强化词汇教学、淡化句法教学,将词汇教学始终放在语言要素教学的中心位置。对学习者而言,词

第五章 汉语国际教育内容与跨文化交际能力培养

汇是遣词造句的基础,只有掌握了一定的词汇量,学习者才能组织语言进行有意义的表达,词汇教学的基本任务就是培养学习者识词、辨词、选词、用词的能力。

(一)词汇教学的性质和地位

词汇是建筑语言的材料,没有一定词汇量的积累,学习者无法进行正常的交际和表达。不同于汉字,词汇教学的重点主要在于其意义和搭配。简而言之,词义是词汇教学的核心。

学习者一旦掌握了基本的词汇量,有一定的用词能力,就便于教师继续进行扩展性的教学。例如"我喜欢喝咖啡"这个句子,如果只有"喝"是生词,根据上下文,学生应该能猜出它大概的词义和词性,如果只有"咖啡"是生词,应该也能猜到它是某种"可以喝的东西"。生词可以在原有的词汇量基础上进行导入,并能通过词语替换练习进行进一步的扩展,比如从"咖啡"扩展到"可乐""牛奶""果汁"等,从"S(代词)喜欢V(动词)+N(名词)"形式扩展到"她喜欢吃中国菜"这样的句子,但如果一个句子中的大部分词语都没有掌握,也就谈不到理解和运用的层面。由此可见,词汇教学不仅具有灵活多变的特性,同时也是汉语国际教育的一个基础性环节,充当着"建造房屋的砖瓦"这样的角色。

正确认识词汇教学在汉语国际教育中的地位,一方面必须摆正词汇教学的位置,平衡好它与其他语言要素(语音、语法、汉字)教学的相互关系,在生词的输入方面注意适度和质量的问题,另一方面要重视词汇习得在汉语学习中的作用,采取科学有效的教学方法。

词汇的积累是一个长期的认知过程。词义有一定的模糊性和相似性,教师必须要给学习者提供词汇使用的限定条件,帮助他们正确理解词义,还要帮助学习者辨别意义相近的词,区分好意义相近词的不同用法。在词汇教学中,教师需要针对汉语词汇系统、词义系统的特征和规律,遵照一定的教学原则,运用恰当的教学方法和技巧,不断扩充学习者的词汇量。

(二)词汇教学的内容

词汇教学是课堂教学不可缺少的环节,但由于它分散在汉语作为第二语言教学的各个阶段,对每个阶段的教学内容难以进行具体的描述和总结,因此我们主要从词汇和词义两方面的构成来探讨词汇教学的内容和要点。

1. 词汇的教学

(1)按内容划分

汉语词汇按内容可以分为基本词汇和一般词汇。使用频率高、构词能力强的基本词汇是词汇教学的重点,如派生能力强的"人""打"等,不断巩固、加强这类词汇的教学,可以让学习者迅速扩充词汇量,在短时间内达到有效的交际目的。

与基本词汇相比,一般词汇较为灵活、丰富,可以直接反映社会生活的变化,并能表达更为复杂的事物或情感。我们并不要求学习者掌握所有的一般词汇,而是应该综合考虑词汇的使用频率、难度等,有取舍地进行教学。

需要注意的是,基本词汇是一般词汇的基础,但两者之间的界限比较模糊,在一定条件下能够相互转化。如过去作为基本词汇的一些词因时代的变化而逐渐退出到一般词汇中,而一般词汇中的一些词,经过长期使用被大众所认可,具有了普遍性和稳定性,就可以进入基本词汇中,如"电脑""革命"等。

(2)按形式划分

词汇可分为词和熟语。熟语包括成语、俗语、歇后语、惯用语等,汉语的熟语一般形式固定并蕴含一定的文化因素和趣味性,容易引起学习者的兴趣,但也有一定的理解难度,因此熟语的教学一般在中、高级阶段进行,并常辅以文化因素的教学。

(3)按来源划分

词汇主要包括新词、古语词、外来词、方言词和专业词。

新词最具有时代性,是随着客观事物的变化新出现的词,如"微信""转基因"等,其中也有旧词新用的现象,如"给力""囧"等。汉语学习者特别是年轻人对新词的喜爱度和接受度都较高,所以教师在日常教学中可以适当选取一些新词进行讲解,不仅可以激发学生的兴趣,还能丰富授课的内容。随着网络时代的发展,网络词语不断更新换代,有不少形象生动的新词出现,但同时也产生了不少词语垃圾,如果选用新词上课,

第五章　汉语国际教育内容与跨文化交际能力培养

就必须要对学生负责,严格筛选一些常用的、健康的词语。

古语词包括文言词和历史词语,相对比较简明和书面化,在一定语境下还可以表示一定的附加色彩。我们在教学中需要向学生特别说明使用古语词的语境,避免教一些不常用、晦涩难懂的词语。

外来词是从非本民族语言中借来的词,根据其构词特点可以分为音译词(咖啡、酷)、音译兼意译词(浪漫、可乐)、音译加意译词(卡车、保龄球)、字母词(KTV、AA制)几类,也有些外来词直接借来形和义,如从日语中借来的大量词语(政府、法律、社会主义)。在外来词教学中,教师可以说明其来源以便于学生进行对比、更快地掌握。

方言词则是汉语方言地区通行的词语。由于近年来部分方言词进入普通话,如"买单""侃大山"等,所以在课堂教学中适当介绍一些用途较为广泛的流行方言词,也可以增加教学的趣味性,帮助学生说一口更地道的汉语。

专业词是特定学科、行业使用的专业性较强的词语。在专门用途的汉语教学中,专业词语的输入尤为重要,如商务汉语、旅游汉语、医学汉语、科技汉语等,都需要学习者根据自己学习汉语的特殊目的进行专业词语的学习。

(4)按构词类型划分

现代汉语词按构成语素可分为单纯词和合成词。合成词中,由两个词根构成的复合词是汉语词汇系统中的主要构词形式,也是我们词汇教学的一大重点,汉语复合词与短语在内部结构关系上存在一致性,这为我们的词法和语法教学提供了一定程度上的便利。在词汇教学中,我们并不需要刻意讲解这些词汇的分类和构词方法,可以和语法教学相结合,着重强调不同词类的用法。

为了更有针对性地进行词汇教学,我们还应该明确汉语词汇系统构成的几个主要特点和相应的教学难点:第一,词语之间的界限不明显;第二,汉语词和语素、词和短语都有交叠现象;第三,汉语中某些短语可以简化为缩略语;第四,汉语的复合词中存在一部分离合词。简而言之,词汇教学的难点在于难以划分词汇成分,表层原因体现在词汇的书写形式(连写)上,深层原因体现在以词为中心的各种成分之间的复杂关系上,教师的作用就是指导学生化繁为简,做好区分。在词汇教学中,教师并不需要一一详述词汇的构成和语法特点,但是在学习者的学习过程中,词汇构成的基本知识可以帮助我们更好地进行解释,让学习者在学词、用词的过程中认识汉语词汇构词的基本规律,学会举一反三。

2. 词义的教学

词汇教学围绕词义的教学进行,教师一般应遵循识词、辨词、选词和用词的顺序来组织教学活动,首先应培养学生的识词能力,教会他们正确理解词汇的概念义和色彩义、基本义和转义,在此基础上再教会学习者从音、形、义三个层面辨别词语,通过同音词、同形词、同义词的辨析,培养他们选词和用词的能力,引导学生根据语境选用正确得体的词语。

(1)词义的构成

词汇学中的词义一般等同于词汇意义。一个实词完整的词义一般由概念义和色彩义两部分构成,概念义是表达有关概念意义的核心部分,也被称为理性义,色彩义则是附加在词的理性意义之上的对特定语境或主观感受的表达,包括词义的感情色彩(褒义、贬义、中性)、语体色彩(书面、口语)和形象色彩(形态、声音等),词汇教学必须要教会学习者掌握这两方面的词义。

(2)词义的辨析

词义之间有联系又有区别,义项是词的理性意义的分项说明,有的词只有一个义项,即单义词,有的词有两个或两个以上的义项,为多义词,在词汇教学中,分清多义词的不同义项十分必要。需要注意的是,即使是多义词,在具体的语境中仍只有一个义项适用。多义词的几个义项之间也有所区别,其中至少有一个义项是最基本的、最常用的意义,我们称之为基本义(或本义),在基本义的基础上衍生出的引申义、比喻义等则统称为转义。

我们在教学中往往需要将多义词的不同义项进行分解,在具体的语境下为学生做有效的解释。学习者在词汇学习中常犯的一个错误就是把一个词本身与其某个义项等同起来,造成理解和使用上的偏差。针对这种情况,教师需要根据所处的教学阶段、不同义项的使用频率及难度,有选择地为学生进行讲解。一般在初级阶段,先讲最常用、最简单的基本义,等学生达到了一定的汉语水平之后,再导入别的意义,并适时地做一些多义词义项的归纳总结,不断进行复习。此外,基本义和转义有时存在一定的联系,我们往往可以利用这种联系进行词义的扩展。我们不仅要让学习者正确区分基本义和转义,还可以让他们注意两者之间的联系,便于记忆和理解,这样才能培养学习者在不同的语境下使用正确的义项。

教授词义是为了让学生能够正确辨词,对单个词而言,我们需要辨明多义词的不同义项,对多个词而言,我们需要辨明同音词、同形词和同义词,其中同义词又是我们辨词的重难点。

同音词是语音上(声、韵、调)完全相同但意义之间毫无联系的一组词,同形词是书写形式完全相同但意义完全不同的一组词,同义词是在某一义项上相同或相近的一组词,如"结果—成果""妈妈—母亲""战争—战斗"等。由于意义相近,学习者常感到困惑的就是同义词的用法和使用场合,有时是附加色彩义的不同,有时是使用对象、使用范围、相关搭配、词性用法、语意轻重等的不同,我们需要具体情况具体分析,用简明、准确的表述帮助学生理解。

(三)词汇教学的原则和方法

1. 词汇教学的原则

(1)字词结合,利用语素分析

词汇教学离不开对汉字和语素的认识。汉语词汇浩如烟海,教师不可能在教每个词时都做一个详细的解释和界定,很多时候新词可以由旧词推导来理解和认知,因此我们在教学过程中可以从语素入手,比较一些同音词、同形词、同义词的区别和联系,在帮助学习者扩充生词量的同时,也帮助他们正确区分易混淆词。

(2)简明扼要,注重科学重现

在课堂教学中,一方面,生词的讲解和练习十分必要,教师在讲解生词时,要尽量简单处理,不能把问题复杂化,讲解时应注意主次分明,切忌面面俱到,不同的词语要有不同的讲授重点。教师应尽量少用媒介语解释生词,避免用生词、难词来解释生词,最好使用学习者学过的词语进行解释,做到简单易懂、准确具体,对于复杂的多义词,可以先解释最常用的义项。另一方面,词汇的掌握必须要靠反复的操练,无论是在课堂教学的组织还是教材内容的编写上,都要注意对生词的科学重现。教师需要有科学的重现意识,采用多种练习方式不断巩固生词,让学生在重复中掌握生词,提高汉语词汇水平。

(3)循序渐进,安排教学内容

根据目前各类汉语词汇水平的等级大纲对词汇的分类和排序,并参考现代汉语词汇使用的相关统计数据,我们在词汇教学中首先要明确在什么阶段教哪些词语的问题。遵照循序渐进、由易到难的原则,教师应及时进行归纳总结,帮助学生记忆,只有明确各阶段的词汇教学任务,合理安排不同阶段词汇教学的内容,才能保障词汇教学的有序进行。

(4)加强对比,进行偏误分析

在词汇教学中,教师一定要有汉外对比的意识。不同语言的词汇系统之间有共性也有差异,加强汉外词汇对比,可以帮助学习者逐渐从原先建立的母语词汇系统过渡到目的语词汇系统,减轻学习者的负担。在对比中,我们会发现某些词只有汉语词汇系统中才有,这类词被称为国俗词语,通常都包含着中国特有的制度、名物、风俗等内容或蕴含着汉民族特有的文化思维,如"旗袍""林黛玉""两肋插刀""猪八戒照镜子"等,在词汇教学中,这些词语一般先作为固定用法来进行操练。在讲解词语的来源时,可以导入一些文化因素进行教学,培养学习者的跨文化交际能力,例如主人在向客人道别时,常会说"慢走",学生必须理解这个国俗词语使用的语境和内涵,才不会将其与"慢慢地走"或"再见"的含义等同起来。

另一类需要进行对比的是对应词语,即汉语与其他语言中概念意义相同或相近的词,但是这些词语并非可以完全互相替代,例如汉语的"狗"和英语的"dog"并不能完全等同:"小狗"不对应"little dog","狗仗人势"和"you are such a dog"表达的感情色彩也不同。此外,中外的一些固定说法虽然用词不同,但在语义上却十分相近,如汉语中的"落汤鸡"在有些国家用"老鼠"这个意向来表达,"早起的鸟儿有虫吃"在乌克兰就说成"早起的人可以捡到钱包"。

学习者因对应词干扰常发生的偏误主要包括:第一,混淆词义上互有交叉的对应词;第二,混淆附加色彩不同的对应词;第三,混淆对应词与其他词的搭配问题;第四,混淆对应词各自的用法。教师必须重视对应词语的教学,分析学生的常见偏误,特别是当用媒介语的对应词来解释汉语词时,一定要注意区分不同的词语用法和含义。

另外,由于日语和韩语中存在大量汉字词,日韩国家的学习者往往在汉语学习中占一定优势,但需要注意的是,这些汉字词虽然大多与汉

第五章　汉语国际教育内容与跨文化交际能力培养

语词音近或义近,但并不能视为汉语词的对应词,其中许多的汉字词与汉语词在词义和用法上都存在较大差异,对这样的学生,教师要积极进行引导,帮助他们扬长避短。

在遵循对比原则进行词汇教学时,教师并不需要一一列举说明所有的对应词语,而是应该时时保有对比的意识,针对学习者的偏误进行分析总结,帮助学习者避免因母语词而产生的负迁移。

2. 词汇教学的方法

(1)生词的处理

在词汇教学之前,教师一定要做好充分的教学准备,提前标注出课文中出现的全部生词,并研究这些生词中可能会出现的问题,不仅要确定生词讲解的重点,还要做好生词的归类和扩展,适当引入一些新词。在课堂教学中,生词也可以搭配一些语法进行讲解。

(2)词语的讲解

第一,直观展示法。有些词语可以直接通过实物、图片、动作等进行展示,让学生一目了然,例如教"水果"词时可以带几种水果来教室,教国家名、地名时可以直接展示地图,教动词"跳"可以直接做这个动作。

第二,翻译法。如果课堂里的学生都掌握除汉语外的同一种语言,我们就可以把这种语言作为媒介语直接去翻译一些生词进行解释,当然前提是这些汉语生词在另一种语言里有意义相同的对应词语,如汉语和英语中相对应的"杯子—cup""吃—to eat""社会—society",用翻译法解释简单明了。由于很多对应词语的意义和用法有区别,过多地使用翻译也容易让学生产生依赖,所以翻译法的限制条件较多,一般也多用于初级阶段的教学。

第三,以旧词解释新词。当学生的汉语词汇有一定的积累时,就可以用"以旧释新"这个好方法,例如学生学习了"爸爸、妈妈、哥哥、姐姐、弟弟、妹妹"等表示家庭成员的词语,再来讲解"爷爷、奶奶、叔叔、伯伯、姨妈、姑姑……"等词语就可以用旧词来解释。虽然这种方法没有翻译法直接,但是可以鼓励学生用汉语进行思维,从而提高他们的汉语水平。

第四,扩展法。扩展法可以分为横向扩展和纵向扩展两类。

横向扩展通过语义场来进行词汇的扩展。语义场包括同义义场(高兴—快乐)、反义义场(长—短)、类属义场(如苹果—香蕉—菠萝)、关系义场(如老师—学生)和顺序义场(如青年—中年—老年)。教师在正确把握语义场的前提下,可以及时地对比和补充词语,利用义类的聚合迅速扩充学习者的词汇量,例如在某个颜色词的教学中,我们可以组织课堂讨论,让学生说说自己最喜欢的颜色或者周围某一个同学穿着的衣服颜色,让学生接触到大量的同类词。学习新词时,可以用同一语义场的旧词来导入,复习时,也可以将一些同一语义场的词进行总结。

纵向扩展是从较小的语言单位向大的语言单位扩展,例如"饭—午饭—我吃午饭—我在食堂吃午饭—我跟朋友一起在食堂吃午饭",这种扩展法不仅可以扩充词汇量,还可以帮助学生记忆词语之间的搭配和组合。

第五,利用语境或上下文释义。语境对确定词义有着重要作用。这里说的语境可大可小,可以是书面语的上下文或口语交际中的言语环境,也可以是交际时所处的大环境、交际双方的情况等。词汇教学不能把词孤立出来,必须结合语境或上下文来讲解词义。

一些生词可以借助上下文来猜测词义,如下例中的画线词:

A:你怎么了?这么无精打采的?

B:别提了,我遇到了一件倒霉事,高兴不起来。

结合上下文,学生不难猜测"无精打采"是"没有精神"的意思,"倒霉"含有"不好"的意思。

教师还可以利用语境帮助学生理解词义,如对上例中的"无精打采",可以创设真实的语境进行解释,教师可以举例问学生"如果你考试没考好,会怎么样呢?""如果你昨晚没睡好,上课会感觉怎么样呢?"让学生把词义与真实的情景联系起来,从而加深对词义的理解。

多义词即使有很多义项,在具体的语境中也只有一种意义,所以利用语境来解释就不容易混淆。例如:

A:大夫,我头疼、发烧,您看看,是不是有什么问题?

B:我问了老师这个问题,现在明白了。

上例中两个"问题"的意思完全不同,如果没有语境的提示,学生就很容易产生误解。汉语中存在大量的同义词,这增加了学习者辨别词义的难度,教师要充分利用语境,在不同的示例中讲解同义词之间的细微差别,对比多义词不同义项的不同用法,创设多种语境进行大量操练,帮助学生分清不同词语义项的使用对象和环境,避免交际误解,更加准确地选词和用词。

(3)词语的操练

教师必须做到讲练结合,以练为主。常见的词汇操练方法主要有:第一,朗读法,如单词和课文的朗读;第二,认读法,如利用教学卡片让学生认读生词;第三,问答法,如老师问问题,学生用生词回答;第四,辨析法,如同音词、同义词的辨析;第五,搭配法,如给动词添加合适的宾语;第六,改句法,如用指定的词语改写句子;第七,情景法,如给出情景,让学生说词组句;第八,活动法,如举行表演猜词的竞赛等。每种方法都可以不断更换练习的内容和形式,避免让学生感到枯燥,教师可以巧妙利用课堂游戏,创设与学生关系密切的语境,适时调节课堂氛围,增强学习者的参与感和趣味性。

三、语法教学

(一)语法教学的性质和地位

汉语国际教育中的"语法"主要是指汉语的语法构造本身,语言专业本科、研究生阶段都开设"语法"课,这个"语法"则主要指语法学。

在相当长的历史时期内,语法教学一直在第二语言教学中处于中心地位。要正确认识语法教学在汉语国际教育中的重要地位,需要把汉语作为第二语言教学和汉语作为母语教学区别对待。中小学语文教学每个中小学生都已基本掌握汉语口语的语法,作为"语言的语法构造本身"的汉语口语语法,不教学生也会,而作为"语法学"理解的语法知识对学生口头语言表达来说,不教也影响不大,但是语文课还需要培养学生书面语和普通话的语言能力,书面语和普通话语法能力的培养需要加强。汉语作为第二语言教学与汉语作为母语教学有所不同,不教语法,外国学生就不知道汉语和自己母语的语法差异,就根本不可能学好汉语。汉语国际教育中,教师如不重视语法教学就不可能取得好的教学效果,汉语作为第二语言的学习者也不会达到满意的学习效果。

(二)语法教学的内容

汉语国际教育中语法内容的选择首先应以大纲为依据,其次应以教材为依据。以大纲和教材为依据的优点是有本可依,操作性强,但是完全按照大纲和教材教学也有一些不足,比如相关的大纲和教材存在很多不一致,大纲和教材还有一些不科学的地方,主要问题是有些语法点的编排不符合外国人汉语习得的内在顺序,因此语法内容的选择还需要注意根据学生汉语习得的实际顺序作灵活处理。

(三)语法教学的原则和方法

1. 以培养汉语作为第二语言学习者汉语交际能力为目标

汉语国际教育属于第二语言教学,不同于母语教学,这样的教学性质要求我们首先教会学习者用汉语交际。一个人还不能使用这种语言进行交际,即使能熟背再多的语法规则,也不能说他已经学会了这种语言。汉语国际教育中有的教师教语法只会灌输语法术语概念和语法理论知识,这是与培养交际能力的目标不相吻合的,因此汉语国际教育中的语法教学要体现培养汉语作为第二语言学习者语言交际能力这一教学目标。

2. 正确处理语法教学与学习者其他学习活动的关系

语法教学要与汉语学习者的词汇、语音和课文学习相配合,处理好语法教学与词语教学、语音教学和课文教学的关系。例如,生词学习可以与语法学习相结合,生词学习中学习者仅仅会读会写还是不够的,教师还要在实际句型中展示词语用法,引导学生模仿造句,不要做过多的意义解释,语法例句尽量选用汉语学习者刚学会的词语,这样不仅有助于学习者更好地理解语法规则及用法,而且有助于学习者词汇的学习。语法教学要和语音教学相结合,比如教重叠词时,可以适当进行一些轻声的语音训练。生词教学、语法教学可以使用课文中的例句,这样既展示了词语的具体用法和语法规则的实际用例,有助于学习者理解词语和规则具体用法,又突出了课文重点,有利于课文学习。

3. 正确处理语法教学中汉语和其他语言的关系

汉语是教学的目的语,教师在教学过程中要尽量使用汉语与学习者

第五章　汉语国际教育内容与跨文化交际能力培养

交流,以培养学生用汉语进行思考的能力,避免依赖学习者母语或英语等媒介语的翻译过程,只在十分必要的情况下才使用少量英语或学习者母语进行难点讲解。同时,汉语国际教育中教师应尽可能了解学习者的母语,为改进教学效果服务。

4. 正确处理好知识和技能的关系,处理好教师语法讲解和学习者语法操练的关系

培养汉语交际能力的教学目标决定了汉语国际教育要以技能培养为主要任务,不同的汉语知识要转化为语言技能才真正达到教学目的,语法知识也是如此。

汉语国际教育中教师唱独角戏、满堂灌不能解决学习者语法习得的问题,汉语学习者的交际能力必须通过大量的练习才能获得。汉语国际教育中要贯彻任务教学法的思想,通过话题展开、文化学习等形式的任务学习语法功能。教师要把重点放在汉语学习者练习的指导上,练习指导的效果是评价汉语国际教育中教学成败的关键。

5. 语法讲解的方法

语法讲解的方法主要有两种:一种是归纳法,另一种是演绎法。

归纳法就是先给一些例子,最后总结语法规则,历史上直接教学法和听说教学法一般使用这种方法,比如教汉语动词谓语句的语序,可以先带领同学学习以下例句:

(1)我学习汉语。

(2)他吃米饭。

(3)王老师住十八楼。

(4)我不去图书馆。

在跟老师读和同学自读的基础上,分析每一句的结构成分,比如"我学习汉语"的主语(subject)是"我",谓语动词(predicate verb)是"学习",宾语(object)是"汉语",其他例句相同,然后就可以要求同学归纳汉语动词谓语句的基本语序:

主语(subject)＋谓语动词(predicate verb)＋宾语(object)

其后加上一定练习,学习者就可以掌握汉语动词谓语句语序的基本特点。

演绎法就是先给出语法规则,再举例子说明,早期的语法翻译教学法一般使用这种方法,比如教"也"和"都"的基本用法可以先给出规则:

"也"+动词(verb)/形容词(adjective)

"都"+动词(verb)/形容词(adjective)

然后举下面的例子:

①(麦克是留学生,)玛丽也是留学生。

(田芳不是留学生,)张东也不是留学生。

*也玛丽是留学生。

②(麦克是留学生,玛丽也是留学生,)麦克和玛丽都是留学生。

*都麦克和玛丽是留学生。

请同学说出例子中的动词分别是什么,其中"不是"也是动词性的。引导同学注意"*也玛丽是留学生""*都麦克和玛丽是留学生"两句错误的原因在于"也"和"都"位置不正确。

究竟使用哪一种方法好呢?这要看学习者的特点和教学任务。一般说来,小孩子抽象思维能力弱一些,常用第一种方法,成年人常用第二种方法。简单的语法规则可用归纳法,复杂的可用演绎法,演绎法、归纳法可以综合运用,各种方法的讲解都要与语言实例相结合。

语法讲解时要注意以下几点:

(1)汉语国际教育中教师语法讲解的内容,第一应是重点,第二要实用,第三汉语学习者要能够理解,否则宁可不讲,把时间留给练习。

(2)讲解要提供充足的例子,帮助学习者理解结构的意义,尽量不使用语法术语,除非学习者为成年人且分析能力较强,他们可能会要求作语法术语的讲解。

(3)尽量使用汉语进行教学,只在特别需要时才使用学习者母语或英语等媒介语。

(4)规则尽量简单一些,不要复杂化,语言清晰,语速不要太快。

6. 语法练习的方法

语法讲解只能解决学习者理解语法的问题,从理解到运用还有很大距离,语法教学要进行大量练习,架起从理解到运用的桥梁。关于语法练习,盛炎等把其分为机械性练习(mechanical drills)、有意义练习(meaningful drills)、交际性练习(communicative drills)三类;吕必松根

第五章　汉语国际教育内容与跨文化交际能力培养

据语言习得的心理过程,将其分为理解、模仿、记忆、交际几种不同性质的练习,其中理解性练习强调语法讲解时要结合练习进行,模仿和记忆练习可以采用机械性练习也可以采用有意义练习。

机械性练习又称为控制性练习(controlled drills),这种练习的答案完全由教师控制,练习的目的在于使学生熟悉某种结构,重复、替换等就属于这一类,跟老师读就是重复练习,下面是一个替换练习的例子:

A:你是留学生吗?

B:是。我是留学生。

老师　校长　教授

经理　护士　律师

有意义练习,答案仍是受到教师控制的,但学习者必须从一定范围内的词汇中作出选择,这种选择要求学生理解他说的是什么,理解结构的意义,否则不能正确回答,如:

按照下面的例子回答问题。

A:你是中国人吗?

B:不是,我是韩国人。

A:你是老师吗?

B:＿＿＿＿,＿＿＿＿。

交际性练习是指教师提示某个场景,学习者就此场景说句子或作对话。交际性练习初期可以给出某些词语提示,中高级班则可以不给提示,比如教师提示这样的情境:某次重要的考试中,你的一位好朋友作弊了,问大家如何处理。交际过程中可以使用"应该、必须、能、会、要、可以"等,完全自由的交际性练习虽然在交际过程中需要这些词,但教师并不给出这些词的提示。

练习中教师对学生重要的错误要及时纠正,防止错误固定化,不能有错必究,而且纠错要注意时机,不要打断学生的话,不要挫伤学生的积极性,尽量引导学生自己纠错,这样效果更好。教师可以搜集一些代表性偏误,安排改错练习,比如学习连动句可以安排如下改错练习:

(1)她借书去图书馆。

(2)我们跟中国同学聊天儿用汉语。

(3)我找王老师去办公室。

(4)你看电影去哪儿?

语法练习还要注意以下几点：

第一，指令要明确，要多举几个例子。

第二，课堂要保持一定速度，不要因个别学生而放慢整个班级的教学速度，针对个别水平较差的学生可以用课后时间补缺补差。练习在正确的基础上要进一步要求熟练，只有熟练才真正具有交际能力。

第三，先给提示再叫学生练习，这样可以调动全班同学思考，叫学生不要按固定顺序，这也是要调动全班同学思考，给学生思考问题的时间，不要催促学生马上回答。

第四，不要问"对不对？""是不是？"这种不需要深入思考的问题。练习的形式要多样化，多样化的练习形式是要达到循序渐进、让学生反复操练而不感到枯燥的效果。可以把语法练习与听、说、读、写练习交错进行，避免学生因长时间做一种能力的练习而失去兴趣，适当进行听、说、读、写综合练习，多种知觉系统参与活动，可以增强语法练习的效果。

第二节 跨文化交际下的汉语技能拓展教学

一、听力教学

(一)听力教学的性质和地位

"听"是学习和运用语言的起点，也是第二语言学习者需要解决的首要问题。在课堂教学中，首先就需要听懂老师说的话，在语音训练时，只有听得准才能说得对，在日常交际中，正确理解对方说的话是顺利进行交际的首要条件，因此听力教学具有基础性，是提高其他语言技能特别是口语能力的重要前提条件。

听力教学与口语教学一样，都具有很强的实践性，相对于阅读和写作技能更侧重于书面的理解和表达，听力和口语技能可以被视为口头理解和表达的能力，因此听力教学对培养学习者的日常交际能力格外

第五章　汉语国际教育内容与跨文化交际能力培养

重要。

听力教学训练的是学习者对口头话语的理解能力。从心理认知的角度来说,听力理解的本质是人们利用听觉器官对言语信号进行接收、解码的过程,听话人将听觉器官接收到的语音材料进行筛选和辨别,同时激活大脑中已经贮存的相同语音代码的经验模式,再进行意义的匹配和组合,最终建构成一个完整的意义表达,因此听力教学具有能动性,教学整体并非一个被动接收的过程,只强调输入也远远不够,更重要的是培养学习者的听辨能力和对信息加工、理解的能力。

正确认识听力教学在汉语国际教育实践中的地位,一方面要明确听力教学的基础性和重要性,另一方面也要处理好各项技能教学之间的关系,将听力教学与其他技能教学相结合,特别是可以加强与口语教学之间的相互促进和联系。

(二)听力教学的内容

1. 听力教学的影响因素

听力教学首先应明确影响听力理解的主要因素,以便在教学中采取适当的方法手段。听力教学的影响因素大致可以分为客观环境和主观个体两方面,客观环境因素对听话人而言具有不可控性,可能是说话环境是否安静、说话者的口齿是否清晰等,因此我们一般只从听话者个体考虑,影响其听力的因素主要包括语言能力、文化背景知识、个人的听力习惯、方法及其注意力。

听力训练首先需要培养学习者语音、词汇和语法方面的语言能力。从语音方面看,语音识别对听力理解有着重要作用。汉语中存在大量同音词、近音词,这给学习者的听辨造成了许多困难,学习者要克服语音困难,就必须具备基本的语音能力。在教学中,教师要组织大量的听音练习,培养学习者对词句音、形、义整体的认知和反应能力。由于汉语语音的特点,听辨教学提倡以整句为单位进行,教师不仅要训练学生对单字、单词的听音能力,还需要引导学生注意语气、语调的变化及语流音变的现象。从词汇方面看,词义的理解是听力理解的基础,听到的语音一般需要分解为词再进行意义的匹配和组合,但是对语义的理解并非将所有的单个词义进行简单相加,常需要依靠对句式、语气、语境的正确把握。只要了解大概的语义,个别不影响整句理解的生词也不会成为听力的障碍,因此在听力理解中培养学生猜测词义的能力也十分重要。从语法方面看,以意合为主的汉语语法缺乏明显的形态标记,一些特殊的汉语句式及句法规则也会直接影响学习者的听力理解,如存现句、被字句、把字句、趋向补语等。另外,即使是相似的句意,用不同的语法形式表现出来也往往存在一些语义的差别,即使是同一句话,用不同的语气或重音,也可以有不同的解读。总的来说,听话人的语言能力是影响听力最重要的因素,对语音、词义、句法的正确理解是听力理解的基本前提。

文化背景知识则是听力理解中不可或缺的另一大要素。汉语语言本身就包含了一部分的文化词语,如"京剧""龙""孙悟空"等,不了解其中蕴含的文化知识,就很容易误听。从语用的角度来看,汉语的一些语言习惯也遵从于社会文化习俗,如果不掌握这些交际文化知识,学习者会无法理解字面以外的意义,从而直接影响交际,最典型的例子是中国人打招呼常用"去哪儿呀?""吃饭了吗?"这种家长里短的方式,但是有些学习者会因文化差异产生误会,觉得自己的隐私受到了侵犯,同样的情况有时也发生在表示称呼、道别、敬辞、自谦等场合,因此听力课的训练也需要讲解相关的语言文化和交际文化知识。

除了与语言有关的影响因素,学习者的听力习惯、方法及注意力对听力理解也存在重要影响。教师必须帮助学习者建立一套良好的听力习惯,掌握听力理解的一些基本策略,学会泛听和精听的方法技巧,当然课堂气氛也十分重要。听力难教,往往也因为课程形式相对枯燥,听的时间较长,教师可以不断变换训练的方法,增添教学内容、形式上的趣味性,激发学生对听力课的学习热情。

2. 听力教学的目标

听力教学的目标是培养学习者的汉语听力理解能力。在汉语国际教育实践中,学习者必须在系统的训练中提高汉语听力水平,掌握一套听力理解的学习策略和方法,并通过听力技能的提升,全面提高语言能力与汉语水平。第二语言教学的最终目的是培养学习者在目的语环境中综合运用语言的能力,听力训练的任务也应该围绕总的教学目标和具体的教学目的进行设置。

第五章　汉语国际教育内容与跨文化交际能力培养

3. 听力教学的环节

（1）听前阶段

听前阶段可以分为教师的课堂准备和学生的热身练习。

一方面，教师在课堂活动之前必须作充分的准备，其中最重要的就是备课。上课之前，教师不仅要设计详细的教学方案，还要熟悉课堂的内容和基本流程的安排，划分出有关的知识点，明确教学的重难点，准备好相对应的教学方法和补充练习。此外，在课前也可以播放一些中文歌曲或视频，营造一个轻松的教学环境。在教学前也需要事先将听力材料调整到准确的位置。

另一方面，针对学生的热身练习也十分必要。如果一上课就直接开始听听力材料，一定难以达到理想的教学效果。我们所听的材料一般都没有影像的辅助，在听之前，教师首先就要消除学生的顾虑，对语境和背景知识作一个说明，努力为学生创设听力的情境。例如课文《三城市夏秋季饮料消费调查》[①]，学生对这类题材并不熟悉，我们可以先作一个简单的询问和说明，让学生对消费调查有个基本了解，再帮助学生对文章内容进行预测和联想，如：是哪三个城市？我们知道哪些饮料？夏秋季分别流行喝什么？不同性别的人爱喝什么？不同年龄的人爱喝什么？用提问来引导学生对将要听到的内容进行预设，以便在听的过程中进行验证和补充。用来热身的问题并不一定要局限于听力材料，可以有所扩充或缩小，为学生自己继续发掘材料提供一些空间。需要注意的是，对于不同题材和形式的听力材料，教师要有针对性地引导学生在合理范围内进行联想。

除了进行背景知识的铺垫，教师还有必要对关键的生词和有关语法进行讲解。虽然有些学者从模拟真实交际情景的角度出发，提倡把生词放到听的过程中、靠猜测或跳跃的方式去解决，但是这种方法并不适用于所有生词，有些虚词或专业词，没必要让学生费时费力去猜，加之课时有限，在听前简单地讲解一些重点的生词和语法，实际上有助于提高听力的效率。还有一种做法是"预听"，就是让学生在课前去预听录音，先对听力材料有一个模糊的认识。所有的听前准备都是为了帮助学生在

---

① 赵菁. 汉语听说教程（二年级下）[M]. 北京：北京语言大学出版社，2000.

听时迅速进入最佳状态。

（2）听时阶段

听时活动是听力技能训练的主体，所占比例最大。在这个阶段，教师需要引导学生积极主动地去听，并从旁配合、进行有效的点拨和讲解，师生应在良性互动中共同完成听力任务。

听时活动一般分为听、练、讲三个方面，常见的步骤是先听材料，再做练习，最后进行讲解，但是在实践教学中，这三方面的活动常常交叉进行，我们可以根据实际情况灵活处理，采用边听边讲、边听边练、讲练结合等多种方式。

听力材料一般会播放三遍，教师可以视学生的具体情况作次数的加减调整，每一遍都有着不同的侧重点和要求，听完了三遍材料，听、练、讲的活动也随之完成。听第一遍主要是为了获取文章大意，往往中间不会停顿，学生必须在连贯听完后做相应的概括性练习，这时教师要提示学生不要纠缠于某个生词或语法点，以大局为重，抓住文章的中心思想，还可以引导学生去分析文章的结构、捕捉主题句、连接句和关键词。听第二遍是为了获取文章的细节性信息，这些信息常与具体的事件相关联，如数字、时间、地点、人名等，它们都隐藏在语言片段中有待发掘，这时教师要训练学生对这些信息的敏感度，抓住语义重点和关键词，最好能让学生养成边听边记的习惯，避免记忆的偏差或遗漏。听第三遍主要是对有关内容进行再次整理和归纳，教师可以在听完后做一些复述、对话类的练习。需要注意的是，在整个教学过程中，无论听几遍都不是单调的重复，每一遍都需要完成不同的任务。在听的前后，教师可以不断提出问题，让学生带着问题去听、去回想。听时活动好比让学生扮演侦探的角色，鼓励他们寻找线索、进行归纳推理，最终解决案件、获得成功。

精听和泛听是听时活动常采用的两种听力方式，在听第一遍和第三遍时常采用泛听的形式；在听第二遍时常采用精听的形式。对于重点课文我们需要精听，对于非重点的课文或补充材料，我们常以泛听为主。

（3）听后阶段

听后阶段是听力技能教学的最后阶段，是对前两个阶段的延续和总结，在这个阶段，我们可以就听力材料中出现的问题展开深入讨论，或组织学生就相关的话题发表看法，或用新的听力材料来做泛听练习，还可以布置课后作业或实践活动。同样以《三城市夏秋季饮料消费调查》一课为例，在听后阶段，我们可以让学生说说自己爱喝的饮料，也可以让他

第五章　汉语国际教育内容与跨文化交际能力培养

们对比一下中外在选择饮料口味上的不同,或者介绍一些关于饮料的中文歌给他们听,还可以布置学生下课后去超市做饮料调查,咨询工作人员、记录下各种饮料的名称。需要注意的是,听后活动在听力技能教学的整个过程中所占比例最小,所以教师一定要控制好时间,最大限度地利用听后活动增强和巩固教学效果。

(三)听力教学的原则和方法

1. 听力教学的原则

(1)注意输入的适度和有效

听力教学强调进行大量的可懂输入。可懂输入可以界定为略高于学习者现有语言水平的输入,如果 i 代表现有水平,那么可懂输入就是 i+1。输入理论认为,只要输入可被理解且足够,学习者就会自动获得 i+1,并在不断的重现中逐步习得 i+1,最终将其转化为自己语言能力的一部分。

按照 i+1 的输入原则,教师首先应该为学习者提供大量的听力材料,这些材料不局限于录音,还包括教师的介绍、讲解以及师生之间的互动。听力输入并非越多越好,特别是对课堂教学而言,输入的适度性应体现在听力材料的内容和听力话语的语速上:一方面,听力材料的内容不宜过多过难,教师提供的语音材料必须在考虑学习者实际语言水平的基础上略作提高,在一定话题范围内尽可能让学习者接触更多的语音材料;另一方面,录音和教师的语速应该与学生的实际汉语水平相当,尽量接近正常的口语语速。

教师应在课堂教学中采用多样的训练方法,争取学生的配合,鼓励学生课下在不同的场所锻炼自己的听力,多接触现实生活中的语音材料,提高听力输入的有效性。另外,教师对学生的听力要求不能过于严苛,不可能要求学生还原所听到的每一个字,而是应鼓励学生跳跃障碍,猜词辨义。

(2)重视输出

输出是一个容易被教师忽略的问题。有些教师认为,既然是听力课就必须多听少说。我们并不完全否定这种看法,但是输出往往是巩固输入、促进教学的重要手段。一节课如果都只是安静地听录音和教师的讲解,大概学生也很容易感到乏味。我们所强调的输出,既包括学生对所听到的内容应有复述、概括、归纳和整理的能力,也包括学生在充分理解所听材料的基础上可以正确表达自己的观点。从这一点看,听和说在技能教学中是不可分割的两方面,只是在训练的侧重点上有所不同。另外,通过学生的输出和反馈,教师还可以检验输入的有效性,以便根据具体情况调整输入的内容和方法,提高听力的教学效果。

(3)听练结合,注重方法的训练

听力课以听为主,但只是靠听,我们不可能了解学生到底听到了什么、听懂了多少。练习不仅可以考查学生对听力材料的掌握情况,也可以从不同的角度巩固已学的知识。此外,教师的讲解虽然是听力课堂的一部分,但是也必须突出"听"的特点,尽量淡化语法教学。

由于听力训练主要是声音的单项输入,所以它往往比阅读训练难度更大。有些听力内容转换成书面材料后学生就可以读懂,但是在听时却困难重重,这种情况的发生并非因为学生的生词量不够或者语法不好,而很可能是因为学生没有掌握好听力的方法和技巧,因此在听力教学中,教师除了要"授人以鱼",还必须"授人以渔",进行听力技巧的训练。听力教学不仅要培养学习者对语音的感知、辨认能力,还必须培养他们概括大意、抓关键词、跳跃障碍、猜词辨义等方法技巧。

2. 听力教学的方法

听力教学的方法技巧可以有多种分类,按听力的要求可以分为精听、泛听和随意听等,按活动的形式可以分为听辨、听读、听写、听说、听做、听记、听想、听测等。下面再介绍几种有效的教学方法:

(1)图式联想

在听力理解的过程中,我们一直强调听话人在信息加工时的主动性。听力行为发生时,听话者以前的生活经验、知识储备都会被调动起来,直接参与话语理解的过程,这些经验和知识就是人脑中的图式。例如在听一个场景对话时,当我们听到有关"天气"的关键词,根据自己对天气这个话题的经验,我们会马上联想到天气怎么样、气温多少、大概是哪个季节等问题,接下来就会在语流中验证自己的设想,并进行不断的修正和补充,完成对整篇对话的理解。因此,引导学习者构建图式进行

第五章　汉语国际教育内容与跨文化交际能力培养

联想,可以帮助学习者提前预设和判断所听内容,从而提高听力的效率。

在听力教学中,教师要充分发挥图式的作用,帮助学习者建构汉语的语言图式。这种建构不仅包括知识图式的构建,还包括文化图式的构建。例如在听有关中国饮食的听力内容时,教师不仅要调动学生总结在中国吃饭的生活经验,还需要让学生对一些饮食习俗有所了解。"中国的饮食有什么特点?""有哪些有名的中国菜?""中国菜系有哪几大类?"教师讲解这样的问题,可以从学生的真实经历和体验出发。对于中国人吃饭时不把筷子插在饭碗里、不用筷子敲打碗等社会习俗,教师也可以向学生作出相应的说明。学习者一旦建立了一个较为完整的图式系统,自然在听力理解中就会事半功倍。

(2)概括大意

听力教学必须训练学习者概括所听语篇的主旨大意。我们听完一段话后,必须对听到的内容有个大概的了解,比如说话人主要讲了什么问题?说话人的目的、态度和观点如何?我们可以从中学到什么?这不仅要求学生要有一定的归纳整理能力,还要有跳跃障碍、猜词辨义的能力。作为教师,并不需要鼓励学生听懂每一字或还原每一个句式,应该努力帮助他们排除生词和复杂句式的干扰,把他们的注意力引导到主题句、关键词和句意的连接关系上。

(3)获取具体信息

在教学实践中,教师不仅要培养学习者的概括能力,还要锻炼他们对具体语言细节的捕捉和提炼。例如教师常会根据听力内容,从"5W1H"①的角度进行提问和总结。细节性的信息一般都在较小的语言片段中出现,所以在教学中学生需要有重点地听辨这些信息,抓住关键。

为达到教学目标,教师还需要注意以下问题:①必须设法调动学生主动去听的积极性;②通过良好的师生互动吸引学生的注意力;③尝试运用多媒体或视听说教学,增加课堂的趣味性;④努力创设相关情境便于学生理解;⑤连续听的时间不宜过长,中间需要穿插不同形式的练习;⑥对待学生要宽容、有耐心,教会他们带着问题去听、使用技巧去听;⑦适时进行教学反思,并对学生出现的偏误进行总结分析,以便明确教

---

① 此为"六何分析法"在教学中的运用,"5W"为 why(原因)、what(事件)、where(地点)、when(时间)、who(人物);"1H"为 how(方式)。

学难点；⑧辅以一些游戏、表演的练习形式，营造轻松活泼的课堂氛围；⑨重视与其他技能教学之间的联系，通过听力教学带动其他语言技能的提高和综合语言能力的发展。第二语言教学有多种教学方法，对听力教学而言，最重要的是根据具体情况找到最适合的方法。

二、口语教学

(一)口语教学的性质和地位

听力教学是训练"输入"能力，口语教学就是训练"输出"能力，利用语言知识，将获取的信息有效地表达出来，是口语教学的重要内容。口语教学是汉语国际教育中非常重要的一个组成部分，教师根据学习者的心理状态和学习特点来指导和训练，教会他们说什么和怎么说，使用"说"这个技能来表达思想，培养口头交际能力。

(二)口语教学的内容

1. 口语教学的目的

口头表达可以分为两种，一种是交际性的，如问答、会话、讲座、辩论、协商等，另一种是非交际性的，如宣布通知、讲述故事、发布新闻、作报告等。说话训练以交际性会话为主，第二语言教学的目的是培养学习者运用汉语进行交际的能力，口语教学的目的是培养学生的口头表达能力，包括语音能力、用词造句能力、成段表达能力和言语交际能力。

2. 口语教学的重点

口语教学是对学习者语音、词汇、语法、语用和文化全面训练的教学。教学重点包括以下内容：
(1)语音能力
语音能力也可以说是善于运用声音技巧的能力，声音技巧包括声韵调的配合、轻重音、停顿、语气、语调等。第二语言的学习常常会受到第

第五章 汉语国际教育内容与跨文化交际能力培养

一语言的干扰,这一点在语音上表现得较为明显。如果学习者洋腔洋调,就会影响表达效果,对交际产生障碍。如果发音正确,语气语调自然,就会促进交流。因此语音能力的训练,在口语课堂上显得尤为重要。

(2)选词造句的能力

选词造句能力是指根据表达的需要,从大脑言语信息库中选取合适的词语,按照汉语口语语法组词成句的能力。从信息库中选取的词语需尽量是口语词,词义词性正确,造出的句子要正确规范,符合汉语的口语习惯。

(3)成段表达的能力

成段表达能力既包括把两个或两个以上的句子组合成语段的能力,也包括把两个或两个以上的语段组合成语篇的能力,通俗地说就是连续说一段话和一篇话的能力。这种能力的训练是一种综合教学,教学内容包括语音、词汇、语法等语言要素和言语技能的教学,还包括汉语思维方式的训练。

(4)恰当选取表达方式的能力

在现实的交际中,说话是为了实现一定的交际目的,如何根据不同场合、对象和交际目的来进行交际,需要训练恰当选取表达方式的能力。

(三)口语教学的原则和方法

1. 口语教学的原则

(1)交际性原则

口语教学是以培养学生的口头交际能力为目的,交际性原则是指重视语言的交际功能,强调把语言知识结构和语言功能结合起来。教师要设置各种交际情景和场合,设计交际性练习,引导他们运用汉语进行交际,提高交际能力。比如学习完与家庭有关的生词、句型、课文后,教师让每个学生准备几张自己家人的照片,在课堂上介绍自己的家庭,也可以让学生两人一组,模拟真实语境,就家庭话题进行会话练习。交际性原则要贯穿初级、中级、高级的各个阶段。

(2)以学生为主体、教师为指导的原则

在口语课堂教学中,学生是课堂活动的主体,教师起指导作用。教师要调动学生说话的积极性,鼓励多说,同时要兼顾所有的学生,根据学生的实际,适当调整教学内容和方法,运用多种方式调动学生学习口语的兴趣和积极性,让学生在课堂上最大限度地学习和发挥。

(3)精讲多练的原则

口语课的精讲多练原则包括两个内容:"精讲"和"精练"。"精讲"不是少讲,是指教师在较短的时间内,将教材中的语言知识传授给学生。在口语课堂上,语言点的讲解需要把握好,精读课或读写课上学过的语言点,不宜过多解释和重复,以免占用练习的时间。"多练"指在教师"精讲"的基础上,学生要多练和反复练,练习首先要有针对性、目标明确,其次,练习的内容要丰富、练习方式要多样。

(4)听说结合的原则

在汉语学习的初始阶段,先练习听才能学会说,经过一段时间的学习和练习,随着口语水平的提高,口语练习又能促进听力水平的提高。因此听和说总是联系在一起,口语课上不能只说不听或只听不说,应当以说为主,同时辅以听力的训练,才能达到很好的教学效果。

2. 口语教学的方法

汉语国际教育中的口语教学主要是训练学生的口头表达能力和口头交际能力。口语训练在学习的不同阶段侧重点也不同,初级阶段训练的重点是语音、句子和简单的语段,中级阶段侧重声音技巧和语段,高级阶段侧重语篇的训练。

(1)不同阶段的口语教学

①初级阶段。在初级汉语口语训练以前,学生一般都已经学习了基本语法结构和一些常用词,语法和生词的学习不是口语课的重点,在这一阶段注重语音、词、句子和语段的训练,注重听说并重。

语音的训练在初级阶段尤为重要,因为只有发音正确才能让交际对象听懂说话者要表达的意思和传递的信息。学习者应该掌握汉语的语音系统,包括声母和韵母的正确发音方法、声调、声韵配合、轻声、儿化及语流音变等,能比较标准地发音。由于学习者的母语和汉语语音差异较大等多种原因,学习者很难达到发音的完全准确,只要不影响交际,这个阶段可以允许发音瑕疵的存在。

学习者开始学习汉语时,母语的干扰常常会造成语音语调的不标

第五章 汉语国际教育内容与跨文化交际能力培养

准,比如韩国学生的 zh、ch、sh 和 z、c、s 容易混淆,日本学生 r 这个音总是发不准,很多欧洲国家的学生发不好汉语声调的第四声等,因此教师应该有针对性地进行教学,找出问题,因材施教。在汉语语音训练中,还要注意重音、语气、语调、变调、停顿等,它们在句子中的作用不可忽视。

这个阶段的词语训练以简单的日常用词、长句、单句为主,常用口语词以及因文化不同而语用功能不同的词语和句子的讲解、使用是重难点,同时学习词的基本义和部分引申义,了解色彩义,能正确搭配词语,并且构词成句。词语和句子的训练可以放在一定的话语情境中进行,通过多种形式的句型替换练习、扩展练习,加深学习者对汉语句子的理解。

初级阶段的汉语口语教学是从单句的练习过渡到简单语段的训练。学习者能通过简单语段的使用,达到交际目的,这也是训练学生用汉语思维的一个途径。因此简单语段训练在初级阶段口语教学中的作用不可忽视。语段训练多以会话为主,设置一些情境,在情境中运用所学知识练习会话。

②中级阶段。初级阶段学习结束,学习者一般都已学习了基本的汉语语音、语法、词汇等语言结构知识,言语技能训练应当从语言结构知识扩展到言语结构知识。这一阶段的口语学习目标是培养学习者运用汉语成段表达的能力和掌握现实的交际技能。

初级阶段的学习者已经掌握了汉语的语音系统,基本发音训练也完成了,在中级阶段的课堂上不需要过多地纠正他们的发音。如果学生的个别发音不准确,教师可以提醒加示范,帮助他们纠正或改进。语音训练应加强语调的练习,包括句子的升降调、重音、停顿、语气等。中级阶段口语课的词语学习和训练应以口语化的惯用词语和表达方式为重点,与其他课型配合,扩大学生的词汇量,训练学生说更为复杂的长句和复句。

成段表达训练内容主要是学生熟悉的话题,包括一般性的日常生活、学习和一定范围内的工作等,注重训练学生把词语组成句子,语句组成语段的能力,从而达到能比较顺畅地表达自己的交际目的。同时为达到交际目的,培养学生在不同场合选择合适词汇和语段的能力,使表达更清晰和流畅。

③高级阶段。高级阶段的口语教学是培养学生运用汉语口语进行高层次口语交际的能力,这里的口语交际除了指日常生活中的会话外,主要还有会谈、演讲、教学、翻译、报告等活动中的口头交际。在高级阶

段,成段表达能力的训练是口语教学的主要目标和内容,侧重培养学生的语段组成语篇的能力,练习在不同的环境和场合,特别是在正式场合,如何表达思想和观点。在学生具有一定汉语思维能力的前提下,这一阶段的口语教学还可以进行适当的修辞表达训练,帮助学生更好地表达和交际。

(2)口语教学常用的方法

①常用的语音训练方法

第一,示范法。示范一般都是指授课教师的示范,模仿可以是全班模仿,也可以是小组模仿或个人模仿。在进行语音训练时,教师不仅要清楚每个音的发音部位和发音方法,从理论上指导学生,还要能作出正确的语音示范。在语音学习的开始阶段,教师要多示范语音,让学生多听,然后模仿,才能达到有效的教学效果。比如 a、o 和 u,发音时唇形是不同的。示范和模仿的内容除了语音,还包括语调、语速、重音、停顿等。通过这种方法的练习,能培养学生的发音技巧和能力。

第二,图表法。语音训练常用的图表有发音部位图、舌位图、声母表、韵母表、声调示意图等。教师可以利用这些图表来展示每个音的发音部位,详解发音方法,帮助学生学习声、韵、调。比如通过观察图表,可以了解发音时的口形,像开口度的大小、舌位的高低、圆唇不圆唇、嘴唇的收拢或前突等。

第三,演示法。演示法指教师使用直观教具、手势、体态等方法进行语音教学。直观教具除了前面提到的图表外,还包括教师板书绘图和一些实物,比如在教个别音的时候,可以把发音的细节图画在黑板上,让学生看得更清楚;汉语的送气音和不送气音的教学可以借助纸片,把纸片放在唇前,发送气音时气流会吹动纸片,发不送气音时纸片不动。

手势可以演示舌位和声调,比如发 er 音的时候,将手心向上并稍卷起,学生就一目了然了,汉语的声调也可以用手或手指在空中比画。除了手势,身体的其他部分也能辅助语音的教学,比如利用头部的转动帮助学生练习声调:从左向右摆是发第一声,从上向下摆是发第四声等。

第四,夸张法。为了达到教学效果,教师有时候可以适当地运用夸张手法来教发音。比如在发 a 的时候,比较夸张地张大嘴巴,发 e 的时候,刻意压扁嘴巴,练习重音的时候把重音部分读得很重,练习语气语调时配合面部表情等。

第五章　汉语国际教育内容与跨文化交际能力培养

第五,带音法。对学习者认为比较难的音,可以利用他学过的或认为比较容易发出的音来带出,也就是以旧带新,以易带难,改变发音部位或发音方法带出新的音。比如 ü 比较难发,可以利用学过的 i 带出:先发 i,舌位不变,嘴角收缩,唇形由扁变圆,尽量缩成小圆圈,ü 的音就发出来了。

第六,对比分辨法。有的音很难发或容易跟别的音混淆,可以将相近的音分组进行辨析,利用对比法来教学,比如 l 和 n 的对比,zh、ch、sh 和 z、c、s 的对比等。

②常用的词语训练方法

第一,直观法。口语课词语教学最简单和直接的方法是直观法,即用实物、图片、动作、表情等直观手段解释词义,这种方法在初级阶段的实词教学中最常使用。比如教师可以利用教室里的实物来解释词语,如桌子、椅子、黑板、笔、老师、学生、同学、门、窗户等;利用动作来解释站、坐、走、跑、听、说、读、写、想、拿、开(门)、关(门)等;利用表情的有笑、哭、生气等。以上列举的词语比较有限,更多的词语教学可利用图片和图画,比如学习各种水果的名称,就可以通过展示图片来教学。

第二,扩展法。扩展法包括把语素扩展成词和把词扩展成词组的两种教学方法。语素扩展法是指利用单一语素组成大量生词,比如"肉"可以扩展成猪肉、鸡肉、牛肉、鱼肉等。把词扩展成词组可以让学习者了解词的搭配关系,掌握词的基本用法,比如"看"可以扩展的词组有看书、看报、我看、他们看、认真看、喜欢看等。

第三,聚合法。聚合法是指把同类的词聚合在一起,复习旧词,学习新词,增加词汇量。

其一,同义词或近义词聚合,比如:

高兴、快乐、开心、幸福

看、望、盯、看见、注视

在进行这类词的教学时,教师应当能清楚地解释组内各词在用法上的差别。

其二,反义词聚合,比如:

东/西、南/北、上/下、左/右、前/后

买/卖、多/少、大/小、长/短、肥/瘦

其三，类属词聚合，比如：

爸爸、妈妈、哥哥、姐姐、弟弟、妹妹

汉语、英语、法语、德语、韩语、俄语

第四，释义法。在初级阶段的口语词汇教学中，教师可以适当采用英语或学生的母语来解释汉语词语，但要注意不能全部或大量使用这种方法。在中高级阶段，教师最好用汉语解释词语，有时候还可以选择课文中的生词，让学生用自己的理解来解释。虽然有一定的难度，但对他们的听力和口语训练都有好处。

第五，游戏法。口语课堂教学形式应当活泼多样，使用游戏法可以让学生在游戏中记忆词语，既有趣又实用。下面列举几种常用的游戏法：

词语联想：老师说出学生学过的一个生词，让他们立即联想出与之有关的词语并记下来，越多越好。比如老师说"早晨"，学生说出并记下"起床""早饭""上课"等。

提示猜词：老师准备数张卡片，每张卡片上有10个词语。学生两人一组，第一个人抽出一张卡片，通过动作、表情说明这些词语，让第二个人猜。

找异类词：老师说出一组词语，要求学生迅速说出其中非同类的一个，并说出为什么。比如：

老师说：生气、高兴、愉快、难过、拒绝　学生指出：拒绝

老师说：北京、伦敦、巴黎、纽约、首尔　学生指出：纽约

③常用的句子训练方法

第一，直观法。口语教学的句型展示方法跟词语很相似，包括实物、图片、动作等。例如学习"有"字句时，教师可以利用教室里的实物进行提问：教室里有什么？玛丽的桌子上有什么？学习比较句时，可以展示图片，图片上有飞机、汽车和自行车，还可以让学生用比较句进行描述：飞机比汽车快、自行车没有汽车快。学习趋向补语时让一个学生开门出去再进来，引导学生说出：他出去了，他又进来了。

第二，扩展法。这是词语教学中扩展法的引申，指按词→词组→句子进行扩展练习。可以教师先说一个生词，学生进行拓展，比如：

教师：练习。

学生：做练习、我做练习。

还可以换一种形式，教师说前半句，让学生补充，说完后半句。

比如：

　　教师：他的眼睛红红的，看样子……
　　学生：他的眼睛红红的，看样子刚哭过。
　　　　　他的眼睛红红的，看样子喝了酒。
　　　　　他的眼睛红红的，看样子昨晚没睡好。

第三，变换法。口语课堂常用变换法让学生练习句型句式。比如陈述句和疑问句的变换：

　　他在教室看书。→他在教室看书吗？
　　　　　　　　　　他在哪儿看书？
　　　　　　　　　　他在教室还是在图书馆看书？

肯定句和否定句的变换：

　　我是中国人。→我不是中国人。
　　我明天去银行。→我明天不去银行。
　　我昨天去银行了。→我昨天没去银行。

除了上面提到的变换，还有单句和复句的变换，"把"字句和"被"字句的变换等。

第四，游戏法。游戏法同样适用于句子的口语练习，下面列举几种句子游戏：

连词成句：老师将一个完整的句子打散，写在黑板上，比如：

　　他、我、去、下午、朋友、看、一个、和

让学生说出完整的句子。

造句大比拼：把学生分为两组，根据课文里学习的新句型，让两组轮流造句，看哪组造得多，造得好。

绕口令：老师根据学生的汉语水平，在黑板上写两个或三个绕口令，然后教学生说，学生练习后比赛，看谁说得既快又准。

④常用的会话训练方法

第一，问答法。教师以提问的方式来指导学生用单句和简单语段回答问题，这种方法包括教师提问，学生被动回答，也包括学生之间的对话练习。教师提问要从易到难，学生开始的时候一般都会用单句来回答，随着问题的深入和内容的丰富，学生会尝试用更多的单句组合成语段回答。

第二，情景法。教师设置一定的情景或语境，让学生组织会话，要求最大限度地使用教材中的词语、语法和表达方式，这是模拟语境中的会话练习,能激发学生的表达兴趣,因为到了真实的语境中,所学的口语知识常能被很好地使用。

第三,话题法。口语课的教材一般是一课一话题,教师可以利用课文中的话题引导学生扩展内容、讨论和描述,进行口语练习。

第四,表演法。学生在熟读或背诵会话课文的基础上,模仿课文进行会话练习或分角色表演,可以对课文稍作改动,这种训练方法既能加深学生对课文的理解,还能帮助他们学习课文中的词语、句子,能更好地提高口语水平和说话技巧。

第五,讨论和辩论。讨论是指在教师的指导下,学生在口语课堂上围绕一个中心议题发表自己的看法,题目应该是大多数学生共同关心或感兴趣的。讨论的目的是为了让学习者练习口语和用汉语思维,因此学生可以畅所欲言。

辩论是另外一种讨论,正反两方围绕中心议题,阐述自己的见解和理由,并揭露对方的矛盾。辩论是一项高级的口语训练活动,适合中高级水平的学生。

第六,游戏法。用游戏来进行会话训练既能激发学生的学习兴趣、培养合作精神,又能提高汉语口语水平。比如:

你说我猜:老师准备一些卡片,卡片上有一个学生熟悉的词或词组,例如"踢足球""看书""狗"等,学生两人一组,一个学生看到词,通过问题提问另一个学生,让他猜是什么词(问题中不能暴露该词)。

⑤常用的成段表达训练方法

第一,复述。复述是成段表达常用的训练方法,多在中高级阶段的口语课上使用。复述的基本要求是准确、完整和流畅,不能丢掉或改换主要内容和观点,条理清晰,语气连贯。复述训练可以分为以下几类:

其一,简要复述。根据复述的目的对材料加以概括和浓缩,然后用简要的语言陈述出来。

其二,详细复述。复述者用自己的话按照材料的内容和顺序,清楚、准确地复述,这是比较接近所给材料的复述。

其三,扩充性复述。在不改变主题的情况下,复述者对材料展开联想和想象,补充细节,让材料的内容更加充实和丰富。

其四,变换角度复述。一般指将原来材料改变人称、时间、结构、文体等的复述。难度较大。

第五章　汉语国际教育内容与跨文化交际能力培养

第二,看图说话。看图说话对图画的选择有一定要求,一般选择的图画要有趣味性和故事性,教师适当地提供一些参考词语和句式,以利于学生理解和表述。初级阶段选择的图画要相对简单,学生用简单的句式就能表述清楚。中高级阶段选择图画的故事性要强,教师要引导学生成段表达,同时注意训练学生讲故事的技巧。

第三,口头作文。口头作文指教师提供题目,学生根据要求经过短时间的准备后,口头表述出来的一段话。口头作文多为叙事体,有人物、环境和故事情节。口头作文可以训练学生的逻辑思维和成段表达能力,注意不要让这种方法变成念作文,失去口语训练的意义。

第四,演讲。演讲对学习者的思维判断能力和口头表达能力要求比较高,一般在中高级阶段的口语课上有选择地使用。演讲既可以是叙事体,也可以是议论体,以议论体居多,要求有论点、论据和逻辑性,常分为持稿演讲和脱稿演讲。

三、阅读教学

(一)阅读教学的性质和地位

阅读训练是一种言语技能训练,在汉语国际教育的教学中,阅读教学与听力教学和口语教学一样,占有很重要的地位。学习者通过培养阅读理解能力、训练阅读技巧、巩固语言知识,养成良好的阅读习惯,全面提高汉语语言水平。

(二)阅读教学的内容

1. 汉语作为第二语言的阅读特点

(1)汉语书写形式的特殊性

汉语的书写形式与拼音文字不同,汉语书面语的排列是以字为单位,不是以词为单位,没有分词书写的习惯,阅读起来容易产生障碍。例如"发展中国家用电器换取外汇",既可以理解为"发展/中国/家用电器/

换取/外汇",也可以理解为"发展中国家/用/电器/换取/外汇"。

(2)语法的特点

汉语语法有自己的特点,形态变化少,很多语法意义都是通过语序和虚词来实现的,语序不同,意义不同,比如:"研究书法"和"书法研究";"买书"和"买的书"因为虚词"的"的加入,导致意义的改变。在汉语作为第二语言的阅读中,这些都会给读者带来阅读困难。

(3)汉语思维方式的特点

每种语言都有自己的思维方式,思维方式的不同会影响不同阅读者对文章的理解,例如汉语中大量出现的对偶词句,体现了中国人喜欢对称和成双的审美心理。了解汉语思维方式的特点,有助于更好地理解汉语文章的内容。

2. 阅读教学的目的

阅读课是一门技能训练课,教学目的就是培养和提高学生阅读汉语书面语的能力。与精读教学不同,汉语国际教育中的阅读教学不以生词和语法作为主要教学目标,而是让学习者通过阅读大量的汉语材料,积累阅读经验,培养汉语阅读技能和扩大词汇量,提高汉语语言水平。具体的教学目的包括以下三个方面:

(1)培养学习者的阅读理解能力

多数学习者学习汉语的目的之一就是利用汉语阅读有关的书报资料,以便获得自己所需的知识和信息。阅读理解能力指读懂所读材料的能力,也就是掌握所读材料意思的能力,包括对字、词、句子、段落、篇章的理解能力。

(2)培养学习者的阅读技巧

学习者进行阅读有不同的目的,目的不同,阅读的内容、方式、方法和技巧也不同。比如阅读常分为细读和粗读,细读是指逐字逐句仔细阅读,如果为了完全掌握阅读材料内容,就需要细读;粗读是快速阅读,读者快速找到需要的信息和内容,如果是为了查找资料,就可以采用粗读。细读和粗读都要求读者有多种阅读方法和技巧。

(3)通过培养阅读能力来全面提高学习者的语言能力和汉语水平

阅读能力是由阅读者的知识系统和阅读技巧构成的。大量的阅读可以让学习者巩固学过的词汇、语法、文化等知识,还可以引导学习者学

第五章　汉语国际教育内容与跨文化交际能力培养

习新的知识,并将各类知识应用于其他语言技能的学习,全面提高汉语水平。

3. 阅读教学内容和任务

初级阶段的学习者汉语知识有限,词汇量少,这个阶段应当以汉字教学和词汇教学为主要内容,教学重点是识字训练和词语理解训练。

中级阶段的学习者已经具备了初步的汉语阅读能力,开始进入阅读能力和技巧全面训练的阶段,阅读量加大,教学内容增多,除了继续进行识字和词语理解训练、扩大词汇量以外,句子训练是本阶段的重点,同时还要注重学生对语段和篇章的理解,加强文化知识介绍。

高级阶段的阅读教学,首先要继续中级阶段的基本阅读训练并加大学生的篇章阅读量,其次注意通过训练,提高学生阅读的速度和熟练程度,同时还要增加文化背景知识的阅读和一些专业阅读的训练。

(三)阅读教学的原则和方法

1. 阅读教学的原则

(1)突出和强化技能训练的原则

提高学习者的第二语言阅读能力是阅读教学的目标和任务,因此阅读课应当始终把阅读方法和技巧的训练作为重点。学习者不能只理解阅读材料的内容和学习语言知识,还要通过训练来帮助他们形成良好的阅读习惯、提高运用知识的能力。汉语阅读中,从字、词到语句、篇章都存在着多种技巧,比如猜测字义和词义、找关键词和中心句、调节阅读速度等,教师应当善于研究、总结和积累这些技巧,并以多种形式传授给学生,使他们在反复的阅读练习中掌握技巧,将技巧转化成技能,提高阅读效率。

(2)以学生为主体,教师少讲精讲的原则

阅读课是一门技能训练课,必须突出和贯彻交际性与实践性。阅读课的教师对于生词和难点的讲解要少而精,有选择地讲解。要求学习者在阅读时多使用跳读和略读,不要逐字翻译和逐字点读,要养成良好的阅读习惯。教师的主要任务是引导学生进行阅读实践,让学生发挥主观能动性,帮助他们提高汉语阅读的技能。

(3)保证充分阅读量的原则

一个人阅读能力的形成,必须以大量的、广泛的阅读为基础。学习者的课内阅读是远远不够的,还必须保证有一定的课外阅读,这样才能提高阅读范围和速度,促进阅读能力的提高,因此教师除了加强课内的教学,还要加强课外阅读的指导。

(4)阅读材料的选择性、趣味性原则

学生的阅读兴趣跟阅读材料的选择有一定的关系。阅读材料的内容是有趣而且是学生真正想学习的,这样才能激发他们的学习兴趣,提高教学效果,因此教师可以根据具体情况,为学生选择内容丰富、趣味性强、实用的课内外阅读材料,比如对程度稍高的学习者可以选择一些小故事,包括成语故事来体现阅读的趣味性。

2. 阅读教学的方法

(1)汉语阅读的主要技能

①跳跃障碍的技能。阅读材料中的生字、生词和不熟悉的句法结构,对学习者来说都会构成阅读障碍,教师要选择难度适中、生词量不能过多的阅读材料,同时教会学生跳跃障碍常用的方法和技巧。

第一,猜测生字字义。猜测生字字义常用的方法是字形分析,有70%左右的汉字是形声字,形声字的形旁表示意义,比如"饭、馒、饺"的左边都是形旁,表示"食物",右边表示声音。虽然随着历史的演变,很多形旁已不能完全表意,但对理解字义仍然有一定的帮助。

夏天的傍晚,老屋门前会有一些蚊子在飞舞。(一种昆虫)

鲫鱼生活在淡水里。(一种鱼)

第二,猜测生词词义。合成词在现代汉语中占的比例很大,由两个或两个以上语素构成,语素的意义与词义常有关联,因此可以从语素义推导出词义,比如猪肉(猪的肉)、花茶(由花制成的茶)、日用品(每天都要用到的东西)、夜不归宿(晚上不回家睡觉)等。

汉语里还有一些词缀和类词缀,可以帮助学习者辨识词义,比如:们(我们、你们、他们)、家(作家、画家、书法家)、员(职员、营业员、服务员)、化(绿化、美化、工业化)等。

汉语中的新词和缩略语也大多可以通过构词法来分析和推测,例

第五章　汉语国际教育内容与跨文化交际能力培养

如：民警→人民警察、社保基金→社会保险基金、国家汉办→国家汉语国际推广领导小组办公室、四化→工业现代化、农业现代化、国防现代化、科学技术现代化等。

还可以通过上下文来推测词义。

这个月他可以去国外旅游，工资照拿，真是名副其实的"带薪休假"。

和服是日本人的传统服装。

第三，推测和理解句义。理解和推测句义使用的方法很多，常用的有：压缩句子，即把句中举例性的词、重复性的词和一些不重要的句子成分略去不看。

我们班的同学来自很多个国家：韩国、日本、美国、澳大利亚、肯尼亚、乌克兰等。

→我们班的同学来自很多个国家。

他一个星期有两三天出去玩，不上课，真是"三天打鱼，两天晒网"。

→他一个星期有两三天不上课。

抽取句子的主干，汉语句子有六个成分，定语、状语和补语是附加成分，主语、谓语、宾语是句子的主要成分，承载着全句的基本信息，只要抽出句子的主要成分，意思就清晰明了了。

今年五月，张明拎着两个重重的行李，满载着全家人的希望，跨洋过海，远赴美国求学。

→张明赴美国求学。

站在门口，手里拿着一本书，长发飘飘的那个女孩就是他的新女朋友。

→女孩是他的新女朋友。

抓关键词和关联词语，教师可以通过例句分析，让学生理解关键词和复句中关联词的功能。

他怎么不知道这件事？

因为下雨，所以会议暂时取消了。

我们还可以通过识别汉语中常用的修辞格式，利用修辞特点来理解句义。

下个月就要高考了，很多学生晚上都开夜车，专家说这种方法其实不可取。（比喻）

利用标点符号也能帮助理解句义。比如问号(?)用在疑问句的句尾；感叹号(!)用在感叹句句尾；引号("")可以用来引述别人的话，或者表示其中的内容有特殊的含义;冒号(:)一般用在提示性话语的后面等。

②归纳概括的技能。用简短的语言概括阅读材料的主要意思,这就是归纳概括能力。阅读者阅读一篇材料,应当知道作者想要表达的观点,从材料中抽取和组织关键信息的策略是最基本和重要的阅读技能。

首先要学会找核心词。阅读材料中的核心词是理解材料内容的重要线索,如果找不到或不能理解核心词,就会对材料的阅读产生障碍。其次在阅读过程中要善于找关键句。关键句也叫主句,是对全段或全篇材料意思的概括,一般出现在材料的开头部分或结尾部分,尤其在说明文和论述文中。有时候我们也可通过一些显而易见的词,如总而言之、综上所述、可见、所以、由此看来等找到关键句。最后要训练学习者自己概括材料的观点和意义,这也是培养归纳概括能力的一个方法。例如:

<u>吸烟会使人患心脑血管疾病</u>。经过对血压正常者及高血压患者观察研究发现,血压正常者吸烟后,血压升高、心跳加快。在高血压患者中,吸烟者的血压明显高于不吸烟者,这将对人的心、脑、肾等造成严重损害。

竹可以造船、盖房、做家具,还可以做乐器、做工艺品,竹笋可以食用,竹根、竹叶可以做药材,<u>可见竹一身是宝</u>。

③预测推断的技能。阅读的过程就是一个预测推断的过程,阅读者可以根据已有的文字语义信息输入,对即将出现的内容进行预测→推断→修正→再预测→再推断。阅读过程中预测推断的依据有以下三个方面:

首先可以根据语言形式结构来预测和推断。

虽然她一直很努力,(但是……)

由关联词语"虽然""但是",我们可以预测下面要说的可能是她的成绩并不理想。

现代汉字的字体可以分为两大类,一类是印刷体,(另一类是……)

这是一个总分式的句群组合方式,由此我们可以推断下面要说的是另一类字体。

其次是根据上下文内容预测推断。

人类对藏羚羊的大量捕杀,才使藏羚羊的数量(迅速减少)。

最后可以根据情景语境,一般指背景知识和常识等来预测和推断。

明年小王就35岁了,到现在还没有女朋友,母亲的心里很(着急)。

④快速阅读的技能。快速阅读就是用最快的速度在尽可能短的时

第五章　汉语国际教育内容与跨文化交际能力培养

间里从阅读材料中获取有用信息的一种阅读方式,其分类很多,包括浏览、查阅、寻读、扫读、略读、通读、粗读、跳读、草读等。快速阅读讲究速度,因此最好的方式是直接由字形到意义的无声阅读。快速阅读的技能可以通过训练来达到,常用的训练方式是扩大视幅,即扩大眼球不动时能识别文字数量的视觉宽度,认知汉字多,视幅就宽,反之则窄。速度太快时可能会影响理解,因此对一般的阅读材料,能理解80%,且能抓住关键信息,就达到速读的目的了。

(2)阅读教学的方法

阅读能力的培养是一个循序渐进的过程,参考阅读技能的等级标准,阅读教学也可分为初级、中级和高级三个阶段,每个阶段的教学目标不同,教学方法也不一样。

①初级阶段。加强字、词的辨识和理解,扩大词汇量,进行简单句子的理解和训练,熟悉汉语的基本句型,培养汉语的语感,为中高级阶段的阅读课学习打下基础。我们可以从以下几个方面来看教学方法:

第一,扩大词汇量。

其一,利用形旁识别汉字。常用的汉字有3500个左右,这些汉字由250多个形旁构成,很多形旁有类别意义。对相同形旁的汉字进行归类,根据形旁猜测字义,将字形和字义联系起来是初级阶段阅读教学的有效训练方法,比如"三点水"表示水,"河、江、洪"都跟"水"有关系。

其二,利用汉语的构词法学习新词。汉语的基本词有很强的构词能力,可以利用汉语的构词法来帮助学习者扩大词汇量,比如"车"是一个基本词,它能构成更多的新词"汽车、火车、出租车、车站、车票"等。汉语中还有一些词缀,如"子—桌子,儿—花儿",词缀或类词缀的了解对学习新词也有帮助,如家(作家、画家、音乐家)。

其三,利用词的语义场扩展新词。根据词义的类聚关系,可以把汉语中的词汇组成不同类别的语义场,帮助学习者记忆生词,比如"颜色"词有很多:红、黄、蓝、绿、黑、白、灰……

其四,利用汉语的思维方式学习新词,如星期一、星期二、(星期三、星期四……星期日);一月、二月、三月、(四月、五月……十二月)等。

其五,利用近义词和反义词扩大词汇量,如快乐(高兴、幸福、开心……);开(关)、冷(热)、远(近)等。

第二,词语理解。

其一,利用语素讲解词义。在学习新词的时候,可以通过解释词的每个语素的意义,帮助学习者理解词义。比如:"日用品"(日—每天、用—使用、品—物品/东西)。

其二,利用上下文理解词义。学习者具备一定的阅读能力后,可以利用上下文来判断和理解词义。比如:他每天看书的时间超过6个小时,周末花在阅读上的时间更多,真是个"书迷"(非常喜欢看书的人)。

第三,练习。在学习初期,因为学习者的汉语水平低,练习时的讲解很有必要,在初级阶段的中后期,随着学习者汉语水平的提高,可以尝试多种练习方式,教师进行适当的讲解和点评。下面列举一些常用的练习方式:

其一,组词练习。引导学生用学过的汉字组成新词,比如组成双音词和多字词,培养学生辨词识义的能力和以词为单位进行阅读的能力。

其二,组句练习。先向学习者展示一些词和词组,然后用这些词和词组组句,最后让学习者朗读句子。

其三,朗读练习。指导学生朗读字、词和句子,注意语速和停顿。

其四,读句分词练习。阅读词组和句子时,在词与词之间做记号,然后朗读词组和句子。提高学生对字词的掌握程度,加深语义理解。

②中级阶段。阅读技巧是这个阶段训练的主要内容,培养学生的猜测、推断能力,抓关键、跳跃障碍的技巧等。为了更好地学习阅读材料,还需加强文化知识的介绍。

第一,加强识字和词语理解的训练,突出语法训练。在初级阶段字词训练的基础上,中级阶段应该继续进行识字和词语理解的训练,具体的方法包括提高汉语词汇、句子的结构意识,对具有某种共同特点的汉字和词语进行归类,如同音字、近义词、反义词;培养汉语语段结构及连接方式的意识,比如根据关联词语理解复句、用多种方法理解长单句和难句等。

第二,多种阅读技巧的训练。中级阶段涉及很多阅读技能的培养和训练,比如,培养抓关键、跳跃障碍的技巧,常用的方法是限时阅读和练习;培养猜测和推断的能力,常用方法有学生根据造字法和构词法猜测字义、根据上下文猜测词义、根据关联词语推断下句句义等;培养快速阅读能力,常用的方法包括找关键词、根据段落主句抓段落主旨、寻找阅读材料中的主题句和主题段把握材料中心思想等。

第五章　汉语国际教育内容与跨文化交际能力培养

第三,加强文化知识的介绍。在阅读教学中,文化知识的导入和讲解也很重要,为了帮助学生理解阅读材料的内容,必须对其中与语言使用和语言理解有关的文化现象加以介绍和解释。

③高级阶段。高级阶段的阅读课以报刊和文学作品阅读为主,这个阶段的学习者词汇量较大,具备一定的阅读技巧和阅读能力,但仍然要复习和巩固中级阶段的阅读训练内容,以提高熟练程度。这一阶段以语篇训练为主要内容,注重培养学生的分析和概括能力,还可以针对学生所学专业进行一些专业阅读训练。

四、写作教学

(一)写作教学的性质和地位

在汉语作为第二语言的教学中,"写"主要指书面表达。"听、说、读、写"四项基本言语技能训练,"听、说、读"是基础,"写"常常排在最后一位,但这不代表可以忽视它的重要性。"写"能反映出学习者综合运用第二语言的能力,写作课的教学是言语技能教学中的一个重要组成部分,也是最难的一项,需要进行专门的训练。

(二)写作教学的内容

1. 写作教学目的

写作课是一门技能训练课,汉语国际教育中写作教学的目的是培养学习者的汉语书面表达能力,提高汉语语言水平。学习者通过在写作课上的大量写作练习,训练用汉语思维写作,全面提高书面表达能力。

2. 写作教学内容和任务

与其他言语技能训练一样,汉语国际教育中的写作训练也分为初级、中级、高级三个阶段,不同阶段有不同的写作训练要求和目标。具体来说,初级阶段的教学内容包括写字训练、写话训练、简单记叙文训练和简单应用文训练,中级阶段的教学内容包括句群训练、语篇训练、复杂记叙文训练和应用文训练,高级阶段的教学内容包括各种文体写作训练。写作教学的基本任务包括以下三点:

(1)培养和提高学习者的汉语书面表达能力

汉语作为第二语言的写作教学的基本任务是训练学生用汉语进行书面表达。汉语书面表达训练包含的内容很多,既有基本词语、句型的选择训练,又有句子连接、语段衔接的训练,还包括不同文体写作的训练等,因此写作课是门全面的、综合的语言实践课。具体到每个教学阶段,写作课有不同的教学任务:初级阶段的教学任务是帮助学生识记汉字和词语,进行写句子、简单语段的训练;中级阶段的任务是指导学生写应用文和一般的命题短文的写作训练;高级阶段注重训练学生各种不同文体的写作。

(2)提高学习者用汉语思维和表达的能力

要学好汉语,学习者首先要具有用汉语思维和表达的能力,这是进行汉语写作的基础和条件,这两种能力的欠缺,或欠缺其中一种,都会影响写作训练的进程,阻碍写作能力的提高。比如一个学习者虽然学习了很多汉语词汇,但不习惯用汉语思维,因而写出来的句子或语段会有逻辑和语法上的错误。汉语的写作训练,能加强学习者在学习母语时已具备的书面表达能力,改变用母语思维的模式,培养和提高他们用汉语思维和表达的能力,并引导他们如何将这两种能力运用到汉语语言的书面表达中去,使表达准确而得体,有利于交际。

(3)促进学习者对中国文化知识的了解

语言与文化密不可分,学习者在学习汉语语言知识的同时,还要充分了解中国文化。汉语国际教育中的写作教学要重视对文化背景知识的介绍,让学生了解中国人的思维方式、价值观念和汉语里的各种习惯表达方式,这样他们的书面表达才能与汉语文化匹配,显得更加有效和得体。

3. 写作教学的基本环节

不同学习阶段写作课教学的基本思路、教学环节和步骤大体相同,教师可以根据教学需要和具体情况有所增减。

第五章　汉语国际教育内容与跨文化交际能力培养

(1)写作准备

写作准备是指正式写作前的各种准备工作,包括写作知识介绍、写作能力训练和范文阅读等,目的是激发学生的写作兴趣,引导学生进入写作状态。下面列举几种常用的方法:

①材料展示。借助不同的媒介为学生提供写作信息和材料,比如听后写、看后写等,一般多用图表、图片、音像、影像等一些直观、形象的材料。材料展示完后可以让学生独立思考或集体讨论。

②范文阅读。教师提供范文,范文的题材应丰富、有趣,包含训练重点。可以让学生先阅读,然后教师适当讲解与写作任务相关的句型、写作方法等,也可以边阅读边讲解。

③课堂讨论。教师先介绍学习或写作的相关内容,然后组织学生分组讨论。

写作准备中的一个重要环节是教师的课堂讲解。教师针对课堂的教学项目,设置语言运用训练重点,通过讲解让学生获得完成表达的材料和手段,并通过练习加以巩固,这个环节为后面具体的文章写作提供语言知识和能力训练。

(2)布置写作

布置写作就是教师布置作文题目,让学生进行写作的过程。根据教师的要求,学生可以在课堂时间进行写作,也可以课后完成。

作文的命题应当宽泛,有一定的选择性,能让学生最大限度地发挥。题目应提供足够的信息,便于学生理解,避免跑题。题材、体裁形式多样化,在初级阶段体裁以记叙文和简单的应用文为主,中高级阶段多练习议论文和复杂的应用文。

布置作文要提出明确的要求,包括字数、文体等,注意结合语言训练的重点。

(3)批改

批改一般是指教师阅读作文后给出的评语。批改可分为两种形式,一是课堂批改,教师选取有代表性的作文,边批改边点评,或者让学生们分组互相批改,然后教师总体点评,这种方式有针对性,便于学生集体思考和学习;二是课后批改,指教师课后在学生的作文上进行批改。

批改学生的作文首要注重对语言形式运用的评价,其次是对作文内容和结构的评价。教师要善于发现学生作文中的闪光点,在评语中给予肯定,多鼓励学生,培养他们的写作热情。要针对具体问题进行批改,既要指出作文中的错误,也要指出写得好的词语和句子,注意不要使用笼统或泛泛而谈的语句来批改。

(4)讲评和修改

讲评是指在一次写作活动结束后,教师对写作的总结、点评和指导。讲评一般分两个步骤:先对本次写作作总体概述,肯定学生写作的优点和进步,指出缺点和不足;总评后常选取有代表性的、较好的习作进行详细点评。教师在讲评的过程中要照顾大多数学生的习作,评点范围尽量宽,要就重要的、有代表性的问题进行讲解,注意多引导和启发学生,避免以后犯同样的写作错误。

教师讲评习作后,学生根据教师的批改和讲评对文章进行修改,这是写作练习的一个必要步骤。修改的内容包括作文的内容、结构和语言。

讲评和修改既可以作为写作的最后两个环节,也可以贯穿在写作当中,比如教师布置完作文后,学生可以列提纲,教师对提纲点评,学生修改后再进行具体的写作。

(三)写作教学的原则和方法

1. 写作教学的原则

(1)规范化原则

"不以规矩,不成方圆",写作首先要规范,才能准确、有效地达到交际的目的。规范化原则包括以下几个方面的具体内容:

①汉字书写规范化。汉字书写是汉语学习者应当掌握的一项基本技能,从初级阶段开始就要重视和训练,因为汉字书写的不规范在一定程度上会影响书面表达,进而影响到书面交流。当学生出现汉字书写错误时,教师要及时纠正,以便学生养成规范书写的好习惯。

②写作格式规范化。格式是应用文区别于其他文体的一个特征,应用文一般都有比较固定的格式要求,格式不规范常会影响交际效果,造成交际障碍,因此在写作教学中要利用范本,加强对写作格式的规范化。

③标点符号规范化。标点符号常常不为人们所重视,很多学习者不了解汉语标点符号的正确使用,或者不习惯使用各种标点符号,有时会

"一句到底""一逗到底"。在汉语写作教学中不能忽视这个问题,要做必要的指导,培养学生良好的写作习惯。

④语言表达规范化。语言表达的规范化包括的内容很多,比如词语的规范使用、语法的正确使用、句子的正确表达、语体的正确选择等。在写作教学的不同阶段,都要重视语言表达的规范、准确和得体。

(2)交际性原则

交际性原则是第二语言教学的一个基本原则,同样也适用于汉语作为第二语言的汉语写作教学。与"听""说"技能课相比,写作课的教学常常忽视交际性原则,其实书面语跟口语一样具有交际功能。重视在写作课上贯彻交际性原则,对激发学习者的学习兴趣,调动写作积极性,调节课堂气氛,促进课堂教学都有很好的作用。比如在课堂上教师选择合适的、能引起大部分学生兴趣的命题,先组织学生小组阅读,然后集体写作,最后让他们交流写作动机、过程和内容,并选择部分学生朗读文章,这样,在学习过程中通过贯彻交际性原则来训练写作技能,提高学生的写作兴趣和水平。

(3)群体性和个体性相结合的原则

写作课的教学是一种群体性活动,学习写作的学习者是一个个体,每个个体存在差异,比如年龄、性别、性格、文化背景、思维方式、学习能力、学习目的等的不同。教学的基本环节,无论是课堂教学、命题选择还是作文评改,都要贯彻群体性和个体性相结合的原则。以课堂教学为例,教师首先要认真组织,创造一个学生共同阅读、讨论、练习的学习环境,最大限度地调动学生的写作兴趣,让学生们互助合作、取长补短、共同学习和进步,同时又要关注每个学生的写作特点和存在的问题,有针对地指导、点评和帮助。写作课必须遵循群体性和个体性相结合的原则,才能达到良好的教学效果。

(4)循序渐进和适度调整相结合的原则

每种语言教学都强调循序渐进,汉语作为第二语言的写作教学也不例外。为了使教学整体有序,先要制订好教学计划,循序渐进地进行写作教学:从词语、句子的写作训练到语段、篇章的训练,从简单应用文、复杂应用文到各种不同文体的写作训练,同时要根据学生的实际情况和学习需要,适当地调整教学内容,做到灵活变通,将这两个原则有机结合,才能让写作教学有序而有效。

2. 写作教学的方法

下面分阶段介绍写作教学的重点训练内容和一些常用的训练方法。

（1）初级阶段

①写字训练。汉字识写是汉语教学的一个重要组成部分，是汉语书面语教学的基础，不认识汉字就无法进行汉语写作。在教每一个汉字的时候，不但要教它的读音、结构和书写方法，而且还要教它的意义和用法。

汉字本身的特点造成了识记汉字的困难：汉字以表义为主，结构复杂，笔画繁多，汉字识记包括形、音、义三个部分，难认难记难写。大部分的汉语学习者都认为汉字是他们学习中的一个主要障碍。在写作教学中首先要做好写字训练，才能为后面的写作训练打下扎实的基础。

写作教学中的写字训练常用的方法有：

第一，形、音、义结合法。我们可以利用汉字的构成规律和汉字的表音、表意功能帮助学生识记汉字，先练习发音，对于形声字要讲解一下表音部分，然后分析字形，解释意义，最后进行书写练习。

第二，对比法。汉字中有形近字，如"已""己"，也有声旁相同的字，如"轮""伦"，通过分析和比较可以帮助学生辨识和记忆这些汉字。

第三，以词带字法。字和词的教学是紧密联系、相辅相成的，在学习词语的过程中学习和熟悉汉字是一个行之有效的方法，如通过练习"足球""排球""篮球"，可以更好地记忆汉字"球"。

第四，综合练习法。在具体教学中一般会使用多种方法帮助学生书写汉字，如抄写、描写（临摹）、听写、默写、填写等。

②写话训练。经过一段时间的写字训练，学习者掌握了一定数量的汉字、词语和基本的汉语语法知识后，可以进行写话训练。写话训练是指学习者把听到的别人说过的话、自己想说的话和自己做过的事情写下来，即"听后写""说后写"和"做后写"。

第一，听后写。"听后写"不是"听写"。"听写"是指边听边写，边听录音或边听教师读边写；"听后写"是指先听别人说，一般是同学说或教师说，然后将听到的话写下来，是听完再写，这是一种机械的、模仿性的写作练习，学生不用考虑写的内容以及如何组织内容，只需要认真地听，

第五章 汉语国际教育内容与跨文化交际能力培养

在听的时候注意力高度集中,把听的内容写下来就可以了。

"听后写"的材料要根据学生的汉语水平来选择,材料中的字、词、语法都是学生熟悉的、学过的,材料的内容是可理解的,稍长的材料最好分几段进行练习,语速要慢,以便大部分学生能听懂和记住。

第二,说后写。"说后写"是指教师先选定题目或话题,然后学生围绕话题练习说话并将说过的一句话或一段话写下来。话题要根据教学内容设置,教师可以简单提示关键词和语法要点,说的过程中或说完以后要及时纠正字词和语法错误,避免写出错误的句子,写完后还可以进行点评和修改,以加深印象。如设置话题"我的好朋友",要求说出五句话,然后写下来:

我的好朋友

我的好朋友叫玛丽。

她是美国人。

她是我的同学,也是我的室友。

她学习汉语很努力。

我们每天都在一起学习。

第三,做后写。"做后写"是指先做一件事,比如参观一个地方,看一部电影等,然后把做过的事情写下来。"做后写"难度较大,要提醒学生不能凭空想象,必须真实去做,然后再写。教师最好先提供相关词语、句式和可能用到的语法,经过设计以后指导学生做和写。

在初级阶段的写作训练中,可以将听、说、做、写结合起来,既能培养学生的写作能力,又能训练各种言语技能,全面提高汉语水平。

(2)中级阶段

①语篇训练。语篇包括语段和成篇,一般指由一系列有联系的句子或语段构成的语言整体。语篇知识属于写作课教学范畴,语篇教学是写作课教学中比较重要的一部分。在中级阶段的教学中,语篇教学是重点。

语篇最重要的特征是衔接和连贯,形式上的衔接和语义上的连贯是对写作的最基本要求。这个阶段的学习者应当掌握基本的语篇手段,如连接成分、省略和指代、句子的逻辑顺序、句型和词语的选择、文章风格的协调等。

下面我们以连接成分为例来进行说明。

连接成分指各种连接性词语,它们按不同的表义功能分类,比如表示原因的连接词语有:因而、因此、于是、所以等,学生在写作练习中要学会根据语义关系有选择地使用。在课堂教学中有多种方法进行连接成分的练习:

可以给出语段,让学生填写空出的连接词语:

语言是在社会生活中产生的,没有社会生活就不会有语言。人在社会生活中跟别人交往需要语言,(　　)语言是社会交际的工具。(　　)你想把一种语言学好,(　　)勇敢地去用语言跟别人交际。

给出一组句子,顺序是乱的,要求学生根据语义关系和连接词语组句成段:

A. 一个人生活也太孤单,没有依靠,如果出了问题,也没有人来帮助和安慰你。

B. 男女双方只有结了婚,才可以合理地去养育他们的后代。

C. 结婚是人类养育后代的一种合法的形式。

D. 因此,我认为自己应该结婚。

E. 不结婚只同居方便是方便,但总让人感觉到双方都不愿意负责任。

也可以给出写作要求,提供一些连接词语,让学生写出一段话或一篇小短文。

连接词语:其实、果然、例如、所以

介绍你在中国的学习经历。

②应用文写作训练。应用文是人们日常生活中常用的一种文体,简单、短小、实用。应用文的写作训练贯穿汉语写作教学的各个阶段,由易到难。学习者在初级阶段需要了解应用文的特点和一般格式,学会写简单的请假条和便条。到了中高级阶段,学习者的汉语水平有所提高,具备了成篇表达的能力,可以进行一般和复杂应用文的写作训练。中级阶段的应用文写作训练以书信、假条、便条、日记、通知、贺卡、请柬、简历、表格填写、申请等为主。

应用文写作是中级阶段写作课教学的重点,在训练过程中要注意以下几点:

第一,学习和掌握各种应用文的格式和固定的语言形式。应用文的种类较多,每种应用文的格式都不相同,比如日记的格式里要有日期和天气;简历里包括姓名、年龄、性别、文化程度、学习经历、工作经验、联系方式等;书信里有称呼、署名、日期等,书信还分很多小类,如一般书信、感谢信、祝贺信、推荐信、慰问信等,每个小类的格式也不完全相同。应用文没有统一的格式,需要学习者一个一个地学习和掌握。

每种应用文还有一些固定的语言形式,俗称套话,一般指惯用的词语和句子,比如一般书信的结尾都有祝语:祝好、祝身体健康、祝学习进步、祝一切顺利等。应用文的语言要求准确、简洁,措辞规范、严谨,这都是学习者需要了解和掌握的,只有这样才能写出比较地道的汉语应用文,获得基本的表达效果。

第二,以"读后写"作为主要的训练方式。这里的"读"指"阅读","写"是"模仿写",指教师提供标准的应用文范文,学生阅读范文后,模仿阅读材料写一篇格式和性质与范文相同、内容相似的应用文,注意模仿和练习的是格式,而不是具体的内容。"读后写"要求学生阅读和思考后进行写作,除了模仿,还要有一定的创造性,不是完全抄写范文。

第三,进行变换和替换练习。应用文书面语气息浓厚,特别是一些复杂的应用文,如合同、协议书等,语言规范、准确而严谨。在学习过程中,教师要注意培养学生的书面语体意识,避免使用随意的口语表达方式,教师可以先讲解书面语体和口语语体各自的特点,然后设计语体变换练习,既可以练习从口语语体向书面语体的转换,也可以练习把书面语转换成口语,让学生了解和掌握两种语体的区别和使用。

替换训练是指为了让学生熟悉所要学习的应用文格式,根据应用文的特点,设置不同的替换项,进行替换训练。如贺卡,可以根据祝贺对象的不同,如亲人、朋友、老师等,内容的不同,如结婚、生日、节日等,还可以根据节日的不同,如新年、圣诞节、教师节等,训练学生写不同的贺卡,要求做到准确、得体。

(3)高级阶段

高级阶段的学习者积累了大量的词汇,各种句式的选择和变换的练习较多,熟悉汉语语法,掌握了一定的语段、语篇知识,因此写作教学的重点是复杂应用文和各种文体的写作训练。

在这一阶段应用文写作仍然很重要,侧重训练一些较难的项目,比如合同、调查报告、各种论文、协议书、说明书、备忘录、工作总结、讲演稿等。训练的方法与中级阶段大体相同,只是难度加大,尽量减少模仿范文的写作训练,给学生更多独立思考写应用文的空间。

高级阶段写作课的另一个重点是汉语的各种文体写作训练,除应用文外,本阶段的文体主要为记叙文、说明文、议论文。教师首先要介绍各种文体的结构特点和写作特点,比如记叙文有六个要素:时间、地点、人物、事件、原因、结果,然后引导学生把握各种文体的基本结构形式和写作格式,培养学生对语体风格的认识,最后通过多种方法进行具体的写作训练。

第六章 汉语国际信息化教育与跨文化交际能力培养

科学技术的飞速发展切实推动了信息技术整体水平的不断提升，人们的生活和工作对于信息技术的依赖越发强烈，将信息技术切实引用到教育教学中，能够有效推动教育教学整体水平的提升。在汉语国际教育领域，将信息技术加以切实运用，不但可以有效提升教育工作的整体效果，还可以增强学生对知识的高效认知。

第一节 汉语国际教育中应用信息技术的意义

一、促进汉语教学自身的发展

现代教育技术研究目标的明确，使得任何学科既可以结合学科本身的特点和需要开展理论和实践研究，又可以在教育技术层面相互交流。二十余年来，汉语教学正是从教育技术研究领域出发，开展了学科建设研究，取得了可喜的成绩，并显示出教育技术在提高汉语教学效率方面的作用。

现代教育技术对汉语教学课程设置、教学方法和学习方法、测试手段、教学资源形式等诸多方面产生了影响，它帮助我们解决长期以来困扰汉语教学的难点问题，突破语言教学的"瓶颈"，有助于相关领域理论和实践研究的开展。这些变化为汉语教学注入了新鲜血液，其结果必将促进信息化时代汉语教学学科自身的发展。因此，我们应该认识现代教育技术的意义，明确信息技术环境下汉语教学的研究方向。

我们正处在一个技术占主导地位的教育变革时代,科学技术影响了人们大部分生活方式,包括教育和学习。现代科技为社会发展提供了前所未有的可能,使人们可随时随地获取他们需要的知识,从而创造更多的社会财富和价值。由此可见,技术可以转化为教育生产力。利用技术力量提高教学效果,可以更有效地利用资源(包括师资),创设并采取有效的教学措施,使汉语教学全面运用现代教育技术,促使自身的发展趋于完善,更能适应现有技术条件下教学活动的需要。

二、促成汉语国际教育与国际教育技术应用的接轨

现代教育技术的应用是当今整个世界范围内的教育变革,在引发变革的同时,也正在创造种种可能。

现代教育技术的影响是广泛而深入的,其变化也是持续发生的。时至今日,其影响力已经扩展到了不同的国家和地区,并且影响到教育领域中几乎所有的学科和课程。因此,对国际化的汉语教育来说,更应重视这一变化及其带来的影响,顺应这一教育领域的变革潮流。从教育形式,到教学手段和教学方式,都应与世界各国的教育技术应用和需求相互接轨。只有这样,才能为汉语教学走向世界做好技术准备,奠定应用和推广的基础。借此机遇实现汉语作为外语教学的跨越。

目前网络汉语国际教学存在着多种形式,但如何在网络上创造虚拟的课堂教学环境、开展有效的远距离教学方式,这些实际上是世界汉语教学共同面临的问题。

无论是在课堂上应用网络技术和网络资源,还是在网络上创设虚拟汉语课堂,都是传统的教学理论和方法无法胜任的,都需要有现代教育技术在理论和方法上的指导,需要有专业教育技术人员的参与才能顺利进行。只有建立起教师、学生和现代科技之间的和谐关系,才能产生比传统教学方式更好的教学效果。

三、满足数字时代学习方式的需求

有学者提出"数码母语者"(Digital Natives)和"数码移民"(Digital Immigrants)的概念,意思是出生在数字时代的人们与成长过程中逐渐

接触数码产品的人们,对待数码产品的态度是有差别的。已有数字表明,现在的年轻人在上大学前已经积累了相当可观的玩电子游戏、看电视、网上阅读或浏览资料的时间,以及相当数量的发送和接收短信的经验。有学者甚至推断,由于数码辈从小就接触多种媒体、电子游戏、电脑、网络及各种数码产品,故他们的大脑结构、信息处理方式、速度、储存等也随之发生了变化。毫无疑问,信息化环境影响了他们的学习兴趣和学习方式,针对数字时代学生的特点和行为方式,我们必须考虑怎样的教学和学习方式才是他们乐于接受和使用的。许嘉璐也指出,在很多国家,从一年级开始,学生的课桌上就已经摆上了计算机,老师的作业也布置在机器上。如果仍然使用传统的授课方式,学生恐怕就失去了兴趣。

年轻一代利用技术接受教育和自主获取知识,这本身就表明技术是一个重要的变革因素,因此为满足"数字时代"学生学习方式的需求而积极探索现代教育技术在汉语教学中应用的理论和实践问题,可以说是摆在我们面前的迫切任务。

第二节 跨文化交际下汉语国际信息化教育课程设置

在信息技术与教育进行结合的过程中,一些传统的授课模式被不断地改变,本节主要探讨跨文化交际下汉语国际信息化教育线上线下相结合的课程设置。线上教学部分应以基础知识为主,同时注重知识的广度,而在线下教学中应注重学习者的个性化需求,设计提供丰富线下活动,给学习者提供深度的学习体验。

一、线上课程的设计

(一)教学设计

一个严谨周密的教学设计是一节课能否顺利完成的关键。在线上线下相结合教学模式的教学设计中,我们应重点关注线上课程与线下活动的融合对接,而不是简单地把传统课程复制到网络上。随着网络技术的发展,互联网日益融入人们的生活中,在这样的成长背景下学习者日常生活的方方面面也融入当今的互联网时代,因此学习者也更容易接受线上线下相结合这样一种新型的教学模式。

汉语国际教育线上线下相结合教学模式的教学设计中,教学对象来自不同的国家,由于学习者的汉语水平、文化背景、思维方式各异,因此在进行教学设计的过程中我们应照顾到学生不同的学习行为、潜质基础等因素,满足汉语学习者的不同学习需求,其中包括学生对于课程的自主选择、提供体验活动等。

在课程开始前我们应对中高级的课程设置学员的准入标准,即学习者通过测试达到合格标准后才能够进入线上学习系统。这样避免出现学习者的汉语水平和课程难度不匹配的情况,如部分学习者汉语水平没有达到学习课程内容所需标准,由于学习过难课程导致对汉语失去兴趣等问题。在内容方面线上的教学内容应和线下的内容相对接,线上部分以基础知识学习为主,同时注重知识的广度,满足不同水平学生的学习需求。

(二)授课模式

汉语国际教育线上线下相结合的授课模式包括线上、线下两个部分。线上授课模式主要以录播的形式为主。由于汉语国际教育的教学对象主要以国际学生为主,不同国家的时间观念各不相同,因此录播课的形式可以更好地规避不同文化背景学习者在学习时间上的冲突,满足学生移动学习的需求。同时,录播课相对于直播课教师的准备时间更长,视频制作更精细,因此呈现出的课程效果也更优质,可以给学习者提供更好的学习体验。在线上自主学习过程中由教师发布学习任务,提供相应的辅助学习资源,设计导学问题等,在教师的引导下由学生自主完成线上的学习过程。

二、线下课堂的建立

在建立线下课堂的过程中应及时发挥线下在场教师的积极作用,由教师主导课堂进度,实现线上线下教学的嵌入式融合,充分利用网络资源,同时结合学生需求以及教师自身的教学经验实现个性化教学。

(一)强化师资

每当提到教师,人们常说"学高为师,身正为范",作为教学活动的主导者,教师的知识水平和职业道德素养都直接影响到学习者的学习任务能否顺利完成。线上线下相结合的教学模式作为一种新型教学模式,由于教学模式的改变导致目前并没有过多成功的教学案例可供教师参考。在这种新型教学模式中教师的工作量增加,既要设计线下活动,又要兼顾线上互动交流、参与线上答疑,对教师的知识储备、组织管理能力以及现代教育技术的使用都提出了更高的要求。

(二)线上线下资源的整合

由于教学资源具有多样性、动态性、潜在性的特点,整合线上线下学习资源也是提高资源利用率的有效途径。我们可以把课程资源分为显性课程资源和隐性课程资源两大类,常见的教学资源除了教材、多媒体设备、教师这些显性教学资源外,还有大量的隐性教学资源也在间接地影响学生的学习活动,其中隐性教学资源主要包括教学经验、师生关系、班级氛围等。线上线下相结合教学模式中对资源的整合,首先体现在线下课堂中教师对现有学习资料的整合,教师根据自己的教学经验并结合实际情况帮学生选择贴近生活的线下活动素材,为学习者提供优质的学习资源。其次,在线下课堂的建立过程中,我们根据学习者的不同特点,帮学习者组建班级、进行兴趣分组、组织专题讨论,学习者个性化的生活经历、新奇丰富的想法,都为我们的线下课堂提供了潜在、动态的学习资源。

(三)教学方式方法的创新

1. 获取知识方式的改变

传统的教学方式主要以教师班级讲授知识的形式为主,而在线上线下相结合的教学模式中则更多地鼓励学生主动探索。在线上线下相结合的教学模式中,教师更多地转变为学习过程中的引导者,引导学生提出问题并进行自主学习,这也更有利于在学习过程中发挥学习者的积极性和创造性。

2. 打破时间、空间的限制

在传统课堂中教师和学生都要到班级共同完成教学活动,在线上线下相结合的教学模式中师生不受时间、空间的限制,学习者可以根据自身情况灵活安排学习时间、地点、频率等,自主规划自己的学习计划。在线上自主学习过程中学生也可以随时调整学习进度,如调整录播课程的播放速度,对于重难点进行截屏记录等。同时,线上线下相结合的教学模式能够打破空间的限制而容纳更多的学习者,给越来越多的学生提供学习资源。

3. 测试形式丰富多样

在测试形式上传统教学模式中通常是在班级里由教师发放纸质试卷,学生作答后再由监考教师收回试卷,而在线上线下相结合的教学模式中,学生既可以通过网络平台进行线上答题,也可以进行线下班级中的测试。对于客观题,在线学习平台也可以自动阅卷并对学习者知识的薄弱环节进行标记,减轻教师工作量的同时也给学习者带来了便利。

(四)教学组织形式多样化

线上线下相结合的教学模式中,教学方式方法的创新也让教学组织形式变得更丰富多样,在传统课堂的教学模式中,常见的教学组织形式多为集体授课,师生共同在一个教室内完成学习任务,在线上线下相结合的教学模式中,我们可以借助互联网平台如"学习通""钉钉""云班课"等在线学习平台来组建线上班级。教师可以在线上班级中共享学习资料、发布学习任务并完成知识的讲解,师生可以在线上班级中随时进行交流,这拉近师生距离,给学习者提供集体归属感,也弥补了网络教学中的松散、不确定等弱点。

由于学习者有了线上自主学习过程中的知识基础,在线下课堂的建立过程中,教师可以使用问题教学法组织教学活动。教师首先创设问题情境,接下来引发学生思考,在师生的合作讨论中解决问题,这样更有利于启发学生的思维,增强师生、生生间的线下互动体验。同时,教师可以组织线下的专题讨论,在讨论中对线上的知识进行拓展延伸,讨论的形式可以以小组为单位进行合作讨论。在分组过程中可以采取能力分组或组织兴趣小组等,实现弹性的教学制度和教学组织形式。

第三节　跨文化交际下汉语国际教育数字化资源建设

一、资源建设的必要性和意义

数字化教学资源与传统的教学资源相比,具有使用便利、流通广泛、优质资源共享等特点,它是信息化时代开展教学的重要组成部分,也是汉语教学资源现代化建设和教学改革方面的一个重要内容。

(一)资源建设的必要性

1. 汉语教学的客观需要

目前,越来越多的汉语国际教学工作者每天的教学和科研工作都是借助计算机来完成的,他们非常需要一些存储于计算机上的资源或素材,以提高工作效率。

如果教师能够自产、自制资源或素材,当然是比较理想的,但在目前的条件下,往往又是不现实的。这不仅费时费力,而且常常需要涉及一些计算机专业知识和专业技术,对原有非数字化资源的利用常常受到查找、使用和控制方面的限制。因此,只有为汉语教师创造更加便利的数字化教学环境和条件,才能体现出现代教育技术的作用,显示出新技术在提高教学效率和质量上的强大作用。崔希亮在"如何破解汉语难学的问题"

中,提出了"用什么样的现成的教学工具来从事语言教学"的问题,他指出,用集体智慧和集体力量做出来的现成的资源会有助于教师教学。

伴随着教育技术的不断发展,图书馆藏书和基于传统媒体技术的音像资料已经不能满足汉语教学的实际需要,各种形式、各种类型的数字化汉语教学资源建设、加工和利用已成为影响或制约汉语教学发展的重要问题。建设数字化汉语国际教学资源,正是克服上述困难的客观需要。

2. 资源共享和教学规范的前提

数字化汉语国际教学资源是汉语教学的支持系统,包括了汉语教学所必需的基本元件,例如汉语拼音声母、韵母、音节的标准读音;汉字的基本笔画和常用汉字的笔顺动态书写演示;用来为词语释义的图片、动画;展现中国传统节日的视频等。建设资源库,实现共享,是满足实际需要和避免人力、物力、财力浪费,避免低水平重复劳动的必由之路。

在教学规范的问题上,无论从汉语教师人力资源分配来讲,还是从汉语教师自身素质来讲,汉语教学师资不可能完全满足教学的需要,而在资源库中,小到标准的字词读音和词语解释,大到经典的教学片段或课程,都可以起到示范的作用,能够在一定程度上保障汉语教学的质量。

3. 高效生成课件和丰富教学活动的基础

在已有数字化素材库基础上开展教学,进行再创作,生成教学需要的各种类型课件,形成配合课堂教学使用的或者在网络上供学生使用的教学资源要比一切从头开始快得多,教师可以不必为技术问题花费时间和精力,而专注于教学过程的安排、资源的使用和教学管理。也可以利用资源库中的资源补充训练,指导学生补充学习一些相关内容,丰富教学活动,为面向不同教学对象、适应不同环境的汉语教学提供基础资源。

(二)资源建设的意义

1. 工业化时代模块化思想的自然演变

建立数字化汉语国际教学资源库是工业化时代所产生的模块化、

第六章　汉语国际信息化教育与跨文化交际能力培养

标准化思维方式的自然演变,也是数据库技术应用的必然拓展。模块化和标准化的核心是同一客体的拷贝和重复使用,它是与高效率、高速度和规范化密切相关的。数字化汉语国际教学资源库、素材库在汉语教学领域也将产生这样的效果,它可以为教师、学生创造一个教学资源中心。教师既可以直接加入链接引用,也可以在进行教学设计的基础上利用素材制作适合教学或适合学生探究式学习的教学软件。通过多媒体技术和通信技术的综合运用,可以开展形式多样的教学活动。

资源绝不仅限于教师或教材,可以将更多的教学媒体纳入其中,构造出数字化学习环境,让学习方式和学习场所更加丰富多样。

2. 支持并发展汉语教学事业

支持汉语教学所需要的数字化资源建设是一项长期的工程,不断地丰富和完善资源库系统,是未来汉语教学长期而艰巨的任务,需要有识之士和汉语教学工作者、现代教育技术专家共同努力。没有现代化的资源作为基础,就有可能制约汉语教学的开展;而对资源全面地开发和有效合理地利用,可以促进汉语教学效率的提高,也可以从另一个方面促进和推动汉语教学事业的发展。

二、资源的主要类型

资源系统可从内容、结构、功能、可利用的能控性程度、载体、媒体等不同角度进行分类。

(一)按内容分类

1. 静态和动态内容

从资源库的内容方面考虑,应当既反映汉语静态的知识结构,如包括汉字、词汇、语法、句型、情景等知识性素材,又包含动态的汉语教学过程的内容,如经典的示范、讲解的视频录像等。对汉语教师或者教材编写者来说,他们可以从中得到教学和科研所需要的绝大部分资料。

目前,许多汉语教学部门陆续建立了这样的素材库,如包含各种汉字属性的汉字属性数据库等。

2. 教学环节所涉及的内容

凡是与汉语国际教学总体设计、教材编写、课堂教学、测试等直接或间接相关的内容都可以纳入资源系统中。例如,按照汉语教学活动的过程,可能有训练型和测试型的素材,训练型素材是一些带有注释、讲解和分析的素材,它可以供学生们课余使用,达到巩固和强化的目的;测试型素材,也可以叫作题库,按照教学的实际应用,还应当划分或标记初级、中级、高级等不同水平。

(二)按功能分类

数字化教学资源不仅包括素材库和资源库,也包括网络上的汉语教学网站、汉语教学和学习需要的工具(如在线电子辞典、在线汉语拼音标注工具)、数字化音像资料和电子出版物、教师交流教学的博客内容,以及为汉语教学服务的各种开发平台等。

(三)按可利用的能控性程度分类

根据资源可利用的状况,可划分为专有资源和共享资源。专有资源指隶属某机构或为某机构团体掌控、管辖的资源,需要获得权限或缴费才可以使用的资源;共享资源指以便利、公开的形式呈现,可无偿为人们使用的资源。

(四)按载体形式分类

根据载体形式可以分为数据拷贝的方式、光盘存储的方式以及网站服务器存储的方式。

(五)按媒体形式分类

按照媒体形式可以分为文字素材、声音素材、图片素材、动画素材、视频素材,不同的素材在教学中发挥着各自相应的教学作用,这是建设和加工的出发点,不同的人员会依此分工开展实际工作。

三、信息资源标准及信息化资源建设的基本原则

我们在常用的软件中,已经可以体验到多媒体素材库(如网页模式、文本模型、动画库、图片库、音效库等)所带来的方便,这表明在技术层次上,汉语国际教学多媒体素材库的建立是可行的。然而从语言教学理论和语言教学实践的角度来看,其中最重要的就是明确内容和使用方面的基本原则以及版权问题。

理想的汉语教学资源库,其内容是丰富并且标准规范的,其中包含教学所需要的各种基本素材且便于检索和利用。

(一)信息资源标准及其在信息化资源建设中的重要性

"标准"既是衡量事物的准则,也是对重复性事物和概念所做的统一规定。我们熟悉的标准有时间标准、度量标准等,没有这些标准,就失去了衡量和对比的依据。

信息资源已经成为汉语教学的重要组成部分。在信息资源的共享中,有一个重要问题凸显出来,即信息资源标准。只有制订了统一的标准,才能保证资源汇集在一起时可以被查询和重复利用。一方面,标准对于信息资源建设具有指导作用,对于大规模的资源系统来说,标准有利于系统化工程的顺利开展。另一方面,标准能够促使信息资源得到最大限度地使用,随着信息技术在汉语教学中的地位不断提升,汉语教师也深深体会到应用信息资源可以有效地节约教学成本,提高教学效率。信息资源标准对汉语教学而言具有非常重要的作用,制订信息资源标准并实施标准,可以避免重复建设和资源浪费,保障资源的质量,便于汉语教师检索和利用,有效地统筹各类信息资源系统并建立系统间的关联,促进信息资源建设的扩充和开放建设,标准必将使资源在汉语教学中真正发挥出应有的作用。

当前已有众多汉语教学信息资源,但尚无汉语教学领域的资源框架标准。定期组织专家学者对资源进行评估并发布结果,将有利于资源的

共享和利用,有利于汉语教学开展、保障教学质量、加速汉语教学进程,也避免重复性劳动,节省人力物力。

(二)内容方面的基本原则

为了保证汉语教学的效果,数字化汉语教学资源必须满足标准化和规范化、权威性、数据可靠性三个重要条件。

1. 标准化和规范化

标准化的重要意义在于增强其适用性,促进共享和高效应用。对于资源库来说,规模越大就越需要通过制订和使用统一的技术标准,建立一种准则和秩序,同时标准化也为资料库管理奠定基础。

汉语素材内容的标准是指汉字的音、形、义信息以及词语、语法等基本素材都必须正确,并且符合国家相关的语言文字规范,因此纳入素材库的内容必须经过相关领域专家的审核、检验,以免谬误的传播。

2. 权威性

由于资源库所提供的教学方法、教学过程、教学思想参考资料、教学资源等将在提高汉语教学质量方面起促进作用,成为重要的、基础性的汉语教学共享资源,因此资源内容必须具有权威性或经过评估认可,目的是给使用者一个科学的参考,例如一段语音教学的录像示范、一个词语解释的图片都需要经过审核。

3. 可靠性

可靠性是指在素材库存贮、传播、引用过程中不得发生遗漏或者被病毒侵蚀的现象,这种现象轻则导致素材质量下降,重则将造成内容的错误及其他不良影响,所以必须采取一定的技术防范措施,让使用者放心使用。

(三)面向应用的基本原则

从资源库的使用方面考虑,它应该具备内容丰富、检索简便的特点。

第六章　汉语国际信息化教育与跨文化交际能力培养

建立素材库的主要目的就是为了让人们反复拷贝和重复使用,为了实现这样的目标,必须从内部管理入手,对数据进行有效的管理,才能发挥应有的使用功能,可以说管理的水平决定了数字化资源在教学实践中的应用价值,系统后台(内部)要保证对素材库内容的及时增加、删除和修改,前台(外部)要让普通的教师能够浏览查阅、直接使用或在此基础上进行新课件的创作。

1. 设置多维属性

建立规范的素材目录格式,即建立一种编目标准是进行管理和运用的第一步,素材目录内容应当包括多方面的属性:
(1)常规属性:题名、主题、作者、制作日期等;
(2)物理属性:存储位置、文件大小、播放时间等;
(3)应用属性:资源型或训练型,针对的学生母语背景,初级、中级或高级等;
(4)控制属性:标明界面、音频、视频等的可控性能,如图形的色彩、动画的播放速度等;
(5)内容介绍和应用提示:相应的教学点或语言点等。

2. 建立编目和索引

为了便于系统内部管理,素材库中的构件应有上传和下载功能,即把一个素材构件,比如一段录像,经过加工达到符合素材库的标准后再加入到素材库中,如同图书馆中的"上架",同样,系统也应当具备下载构件的功能。除此之外,素材库还应有编目和索引功能。
(1)编目:素材库目录的大部分内容都可以自动生成,但是有的项目,比如分类特性、控制属性以及内容介绍等,都必须通过有经验的教学者和研究人员来填写。
(2)索引:索引是提高检索速度的重要方法,一般应当根据构件的题名、主题、类型等建立多重索引。

(四)版权问题

无论哪种信息利用方式都应注意版权问题,必须重视和严肃对待。

第七章 汉语国际教育与教师跨文化交际能力提升

在经济全球化发展的背景下,随着我国经济的快速增长和国际地位的提升以及与世界各国的交往与联系日益广泛、深入,世界各国对汉语学习的需求急剧增长,出现了学习汉语的热潮,对国际汉语教师的需求也越来越大,因此汉语国际教师的素质和能力提升以及专业化发展就显得尤为重要。

第一节 汉语国际教师的素质与能力

一、教师的汉语基础知识

(一)学科内容知识

学科内容知识主要是指汉语教师所教授的汉语语言学知识,具体包括汉语知识(如语音、汉字、词汇、语法、功能、话题、语篇等)和语言技能(听、说、读、写等),有时还会涉及一些古代汉语知识等汉语学科内容知识,属于本体性知识,是汉语教师"教什么"的知识,是汉语教师取得任教资格的基本前提,也是判断汉语教师是否合格的主要维度,还是学科教学知识和实践性知识的重要基础和依托。张学民等通过实证研究发现,本体性知识是教师课堂教学能力发展的前提和基础,是教师有效地进行

第七章　汉语国际教育与教师跨文化交际能力提升

课堂信息加工所必备的知识。周燕、吴一安也都指出英语基本功或掌握英语基础知识是英语教师的最基本素质。汉语教师要发展和提高自己，其中很重要的一点就是要透彻地掌握汉语学科内容知识，具体来说就是汉语教师不仅要非常熟练地掌握和精通语言知识、听说读写等言语技能，有很强的语感，而且能够从一定的高度来把握汉语知识的结构性，明确它的系统性和各部分知识之间的逻辑关系，抓住整个汉语知识结构中的核心概念和基本理论，准确把握汉语知识的特点（尤其是相对于学习者母语的特点）、重点和难点，以及学习者容易犯错的语言点等等。可以说，汉语教师水平越高，其对汉语学科内容知识的把握就越透彻、越清楚，其教学就越不局限于教科书内容，而是根据学习者的具体情况对教学内容有效地进行重新组织和安排（包括适度的增删、条理化、清晰化、多样化），越能有效地启发学习者并与其进行有意义的对话。

（二）一般教学法知识

一般教学法知识是指汉语教师在教汉语的过程中要用到的教育学、心理学知识，具体包括课程理论、教学理论、学习理论等各个方面的知识，也包括外语教学法知识，尤其是外语教学的基本概念、教学原则、教学策略和技巧、语言测试和评估等知识。

一般教学法知识属于条件性知识，是汉语教师"怎么教"和"怎么更好地教"的知识，它是汉语教师取得任教资格的基本前提，是判断汉语教师是否合格的主要维度，是学科教学知识和实践性知识的重要组成部分，也是有效教学的基本保障。汉语教师要发展和提高自己，可以在教学实践中慢慢领会、把握和运用一般教学法知识，尤其是外语教学法知识，为更好地建构汉语学科教学知识和实践性知识奠定基础。汉语教师教学水平越高，对一般教学法知识掌握得越好，就越能够从教育教学的角度来理解、把握、传递汉语学科知识和训练汉语技能，越能使用多样化的教学方法和策略。

（三）汉语学科教学知识

汉语学科教学知识其实是汉语教师对汉语学科内容知识的一种"教育学"改造，是汉语学科内容知识和一般教学法知识的融合，同时也融合了有关学习者的知识、教育情境知识等,这种知识类型是汉语教师特有的,对汉语教学极其重要。

(四)有关汉语学习者的知识

有关学习者的知识包括学习者的身心发展特点、年龄、智力、语言学能、原有知识和汉语水平、经验和经历、学习动机、学习方法、学习态度、学习风格、学习需要、个性、情感、家庭背景、第二语言习得知识等。

有关汉语学习者的知识也属于条件性知识,同样是汉语教师取得任教资格的基本前提、影响汉语教师教学质量的主要因素,是学科教学知识和实践性知识的重要组成部分。任庆梅等的调查表明大学英语教师对第二语言习得知识重要性的认可度比较高,第二语言习得知识对汉语教师同样重要,只有了解了学习者的基本情况和各个方面的特点,汉语教师才能进行个性化教学,形成有针对性的学科教学知识和实践性知识。汉语教师教学水平越高,越能依据学习者的特点、需要等各方面的情况有效开展个性化教学,教学效率就越高。

(五)教学情境知识

教学情境知识是指汉语教师从事汉语教学的环境方面情况,是一种条件性知识,能在很大程度上影响汉语教学。它既包括宏观层面的教育政策、文化交流等方面的知识,也包括社区、学校、班级等具体教学环境情况。

(六)中外文化知识

中外文化知识主要是指中国文化知识、与汉语教学有关的外国文化知识以及中外文化差异等,包括历史、地理、哲学、政治、经济、教育、宗教、文学、艺术、民俗、国情等方面的百科知识。中外文化知识中有些是需要教授给学习者的,属于本体性知识,有些是有利于促进汉语教学的,属于条件性知识。掌握一定程度的中外文化知识同样是汉语教师取得任教资格的基本前提、判断汉语教师是否合格的主要维度,是学科教学知识和实践性知识的重要组成部分。

(七)实践性知识

实践性知识是指汉语教师在具体教学实践中经过反思、研究等方式所获得和运用的知识,包括一些案例性知识、针对性的策略性知识等。汉语教师知识结构中的各种知识类型在具体教学实践中是交织融合在一起的,经过汉语教师的反思加工成为实践性知识,具有鲜明的个人性、情境性、综合性、经验性、情感性,表现为教学经验的积累。汉语教师专业发展的主要表现之一就是其实践性知识的累积和增长,只有学科内容知识,没有实践性知识,汉语教师在教学上就无法成熟,更不能形成自己的教学个性。

二、教师的教学能力

(一)汉语教学认知能力

1. 把握教学大纲

合格汉语教师会积极了解汉语教学界已有的一些课程标准和教学大纲,针对教学有意识地进行查看,对照其中关于汉语教学性质和目标等方面的描述,反思自己的教学实践有没有偏差,并通过对应学习者的汉语水平来确定自己正在进行的汉语教学处于标准或大纲中的哪个位置,进而明确接下来应该设定什么样的目标、教学重点是什么,以便适应课程标准和教学大纲的"节拍"。

优秀汉语教师对汉语教学界的课程标准和教学大纲已经非常熟悉(往往也会查看其他第二语言教学的标准和大纲以及任教国的教育制度和政策),甚至已经内化到自己的专业认知结构中了,制订教学计划、设计教学目标、安排教学内容、确定教学重点难点以及实施汉语教学时能自觉以此作为参照,但这种参照更多是从原则、宏观层次上进行参照,在很多时候会根据自己面对的实际情况(如学习者的汉语水平)来把握和调整汉语教学,以更好地实现汉语教学目标。

2. 熟悉学习者情况

合格汉语教师会在教学之前（或者教学刚开始时及教学中）采用一些方法对学习者的学习需求、母语背景、文化特征、学习动机、汉语水平、身心发展特点、认知风格、兴趣爱好、以前的学习背景等各个方面的情况进行了解和熟悉，以便进行针对性的汉语教学。

优秀汉语教师会积累不同类型学习者的情况信息（尤其是母语背景及其文化特征），在教学前或教学中有意识地采用多种方式、方法与学习者进行沟通，重点了解其在某些方面的独特情况：一方面会尊重学习者的具体情况和个体差异，并根据其在某些方面的特点调整和改进汉语教学（比如调整教学内容和教学方式），按照习得规律最大限度地将"学习"转换为"习得"；另一方面会预设学习者在学习汉语时可能遇到的困难和问题，因材施教，提前制订解决方案，让每一个学习者都体验到学习成就感。

3. 了解教学环境

合格汉语教师会在教学之前（或刚开始教学时）有意识地采用一定的方式方法全面地了解教室、学校、社区乃至所在国家和地区等不同层次的环境（包括软性和硬性）条件，以便在汉语教学时熟悉并充分利用其资源，同时避免其可能带来的不便。

优秀汉语教师能很快熟悉任教国家和地区的教室、学校、社区（尤其是学习者居住地及其活动范围）等环境特点，会基于自己汉语教学的需要有意识地采用多种方式，去了解和考察环境条件的具体情况，明确其优势和劣势，并在此基础上进行一定的设计和改造，以使其最大限度地满足自己的教学需要并在实际教学中充分利用。

4. 认识教学主体

合格汉语教师能认识到自己在教学方面比较明显的长处和短处，同时了解助教、家长、志愿者、合作教师、搭班教师等其他教学主体的情况，以便在汉语教学中更好地互相配合和支持。

优秀汉语教师善于利用自己在教学方面的长处，不断改进自己的短板，同时在了解基本情况的基础上善于调动和利用其他教学主体的相关

第七章　汉语国际教育与教师跨文化交际能力提升

资源,与其他教学主体建立良好关系,从团队管理的角度构建强有力的教学团队,以便在汉语教学过程中形成良好的合作,得到有力的支持(比如确定教学内容和教学重点时与其他教学主体交流讨论,实现资源的互补,即"协同作战"),以最大限度地提高教学质量和效率。

(二)汉语教学设计能力

1. 制订教学目标

合格汉语教师能够依据学习者的特点、汉语课程标准和教学大纲,在参考教师手册等资源的基础上设计出合适、具体、可操作的教学目标。

优秀汉语教师能够整体考虑教学状况(比如不同课型之间、初中高不同阶段之间的"高低深浅"),不仅会在参考课程标准、教学大纲和教师手册的基础上尽量照顾到学习者的特点和教学条件,而且能在此基础上针对特定汉语教学内容设计出具体、明确、操作性强的教学目标,并重点突出某些目标,体现出目标的指向性和开放性。

2. 把握教材内容

合格汉语教师能发现汉语教材是根据什么理念(比如是"结构—功能",还是"话题—结构",或者"交际—任务")编写的,能在教学目标的指导下准确理解、把握汉语教材内容,根据教学需要删减教材内容或增加教材以外的内容,以确定具体教学内容。

优秀汉语教师有科学的教材观和很强的教材开发意识,既能立足于教材又能超越教材,不仅能判定汉语教材的编写理念,了解其优缺点,还能在此基础上灵活变通,即根据课型特点、教学目标、学习者水平、教学资源情况对教材进行筛选、增补、整合等。他们无论是对教材中语言要素的教学,还是语言技能的练习,都能很好地与言语交际能力结合起来(如教学内容的生活化,让学习者能应用到日常交际中),更好地实现教学目标。

3. 明确重点难点

合格汉语教师会在把握教材内容和参考教师手册的基础上确定汉

语教学内容中的重点和难点,并能在教学中重点讲解和练习,以便完成教学目标。

优秀汉语教师对汉语教材非常熟悉,对教学重点和难点有经验性的把握,可以进行一定的预测,也能在了解学习者特点和教学目标的基础上通盘考虑,准确把握教学内容中的重点和难点(既突出重点又突破难点),并在教学过程中深入、准确、适度地进行挖掘,合理有效地整合相关内容,集中教授,及时总结,使学习者能透彻把握和熟练掌握。

4. 预测学习者问题

合格汉语教师会利用自己有限的教学经验以及通过查阅教师手册和专业书刊、请教同事、将汉语与学习者母语相对比等方式,预测学习者在学习具体内容上容易出现的问题,并准备好具有针对性的教学方法和策略。

优秀汉语教师基本上对学习者容易出现的错误和问题,及其表现形式和内在原因等心中有数,并会预先准备多种针对该类问题的讲解和讨论的方法、策略等。

5. 利用教学资源

合格汉语教师会从各种书籍(包括各种汉语教材、词典等)、期刊、报纸、同事课堂、生活中(比如超市宣传单)、网络中搜集各种例句、语篇、音频、视频、图片,利用与汉语教学有关的事物、模型、时间、空间等教学资源,在教学中有效整合,以更好地呈现和解释所教内容,实现教学目标。

优秀汉语教师本身拥有比较多的优质教学资源(能突出所教内容),在具体教学中善于依据所教的具体内容,学习者的认知特点、生活经历、兴趣爱好、所在学校和社区环境等情况,来选择更典型、更有效、更规范、更有趣味的教学资源进行对比使用(如结构近似但实质不同的例句),必要时可以根据需要制作一定的教具(如图片、模型等),同时有效利用网络资源设计具有趣味性和实践性的课后练习任务(如要求学习者登录有关旅游、租房和找工作的网站,完成制订旅行计划、搜索房子和工作等任务),以更好地满足教学需要,实现教学目标。部分优秀教师还具有一定的网页制作能力,为学习者在课外自学提供教学支持。

第七章 汉语国际教育与教师跨文化交际能力提升

6. 安排教学流程

合格汉语教师会在了解不同阶段的教学环节和活动内在逻辑关系的基础上,设计出清晰明确的教学环节和步骤,形成思路清晰的教学流程,同时保证各个教学环节和步骤循序渐进,重点突出,时间安排合理。

优秀汉语教师往往对具体教学内容在整个课程中的位置、教学规律和学习者语言认知特点有一个透彻的把握,并在此基础上设计出清晰合理、富有灵活性和开放性的、由教学环节和教学步骤构成的动态流程,能够根据实际教学情况进行灵活变通,使教学具有生成性,既清楚教学环节的设计,也明白设计的目的和用意,既能突出重点难点,又能使各个教学环节循序渐进、过渡自然。

7. 设计课堂活动

合格汉语教师会基于教学内容借用课程标准、教学大纲和教师手册中已有或者同事们曾使用过的教学活动和任务,也会在此基础上,设计出(或修改现有的)有利于学习者在参与、互动中达到学习目标的教学活动和任务。

优秀汉语教师可以在对学习者、教学目标和教学内容透彻把握的基础上,创造性地设计出多样化、富有趣味性、与学习者学习背景和教学环境相关,而且规则简单、易操作、易评价的活动和任务,可以根据任教地的实际情况调整已有的、较为成熟的活动和任务,必要时能够制作适当的教具,且能预见教学活动的生成性。

8. 制订教学策略

合格汉语教师了解多种汉语教学法,并能将其理念运用到汉语教学工作中,同时能针对特定教学目标和内容,通过查阅教师手册及其他一些相关教学参考书来寻找和选择合适、有效的教学方法、技巧和策略。

优秀汉语教师不仅能把握既有的很多汉语教学法理念和实践步骤,而且对第二语言教学主流教学法也有较好的把握,能在融合、改造的基础上将其运用到汉语教学中,同时还在头脑中积累、储存针对各类教学内容的教学方法、技巧和策略,在充分考虑教学目标、具体内容、学习者特点、教师自身特点和外部环境条件的基础上有效选择,进行有创造性、针对性的使用。在教学实践中,优秀汉语教师能将生词、语法、课文糅合在一起,把高水平的教学方法和技巧"镶嵌"在讲练中,同时也对新的教学理念和教学法保持热情,乐于学习和实践,甚至能创设一些针对性强的、独特的教学方法。

9. 制订长时计划

合格汉语教师会根据教学目标、教学任务和教学时间制订合理的学年(学期)、单元教学计划,而且计划会写得相对详细一些,较为关注短期或眼前教学任务的完成。

优秀汉语教师能够在通盘考虑教学目标、教学起点、教学任务、教学时间和环境条件的基础上合理制订教学计划,重点着眼于总目标的实现,宏观把握各阶段的重点和难点,概括性和实效性强,可实现程度高且富有弹性。有的优秀教师未必把长时计划反映到纸面上,而是以思考为主。

10. 编写课时教案

合格汉语教师往往从完成当前教学任务的角度出发,编写的教案结构完整、有理论基础、材料充分、内容集中、方法具体、每个步骤及其时间安排清楚、操作性很强(对每分钟做什么、学习者参与活动的顺序都有明确要求),为课堂教学的顺利进行提供依据和蓝本,具体详细和完整规范是合格汉语教师尤其是新手汉语教师所编写教案的特点。

优秀汉语教师则从培养具体学习者交际能力的目标出发,编写重点突出(突出主要步骤和主要内容)、详略有序、方法多样、结构简洁、逻辑性强、在时间和内容上都有一定弹性的教案,为课堂教学提供思路和方案,思路清晰、重点突出、详略得当、富有弹性(可以在多种情况下变通使用)、文字简洁是优秀汉语教师所编写教案的特点。

(三)汉语教学实施能力

1. 导入学习状态

合格汉语教师会采用复习旧知识、设置悬念等多种方式调动学习者

第七章　汉语国际教育与教师跨文化交际能力提升

的兴趣、积极性和求知欲，使其注意力集中于学习内容，为有效学习新内容创造条件。

优秀汉语教师会积累丰富多样的导入方式，也会在深入把握教学目标、教学内容、学习者特点以及自我教学特长的基础上设计合理有效的导入。优秀汉语教师善于从社会生活或教学中的某一点（甚至是偶发事件）引申启发，非常巧妙地激活学习者原有的与所学内容相关的知识结构，激发他们学习的兴趣和积极性，并能够利用独特的提问等方式使其保持饱满的学习热情，处于积极的学习状态。

2. 把握教学节奏

合格汉语教师有一定的节奏意识，会依据教学内容和教学环节等课堂的自然节拍，积极引导学习者的注意力和学习兴趣，使其聚焦于重点教学内容，形成课堂教学的节奏。

优秀汉语教师不仅能依据教学内容和教学环节等课堂的自然节拍形成课堂教学的节奏，而且还能根据教学方法和学习者的思维特点及反馈情况，运用一定的教学手段和技巧（比如提问、指挥"齐练""单练"、小组互动的交替使用等）来集中学习者的注意力，形成合理的汉语课堂教学节奏。这种节奏不仅能根据现场的教学情况灵活调整，而且具有一定的艺术性，即我们所说的"张弛有度"。

3. 结束课堂教学

合格汉语教师会按照教学设计采取一定的方法结束一个教学活动或整节课，使学习者对所学内容的结构和重难点一目了然，并对进一步学习汉语产生浓厚的兴趣和动机，也能针对重点内容布置作业。

优秀汉语教师会积累很多结束一个教学活动或一整节课的趣味性方法（比如提问等），在具体结束一个教学活动或一节课时不仅能总结深化和提升所学内容，加深学习者的印象，而且能把所学内容由碎片化转向结构化，与学习者以前的知识结构关联起来，激发学习者更强烈的学习兴趣，甚至使学习者对下一步的汉语学习产生强烈的期待。优秀汉语教师能够根据学习者的掌握情况和重难点的分布，来布置灵活多样且有针对性的作业。

4. 激发学习动机

合格汉语教师能够有意识地利用一些教学策略或技巧（比如笑话、案例、故事等）吸引学习者的注意力，使其感受到汉语的趣味，并愿意付出努力进行学习。

优秀汉语教师拥有一套激发学习者动机和兴趣以及吸引其注意力的策略或技巧，能根据教学目标、教学内容、学习者特点、自己的教学特长以及教学实践情境，对导入、讲解、练习和活动方式等进行灵活调整，使学习者不仅始终把注意力集中在教学上，而且还乐于主动完成各种任务和作业。优秀汉语教师能采取一些方法和技巧使那些学习动机已减弱的学习者重新振作起来。

5. 使用课堂话语

合格汉语教师能够运用标准的普通话（包含正确的语音、语调、语法、语义，且合乎逻辑）和一定的教学方法对所教内容清楚地进行引导、叙述、描述、说明和解释，音量、语速适当，以便学习者能够听清、理解和掌握，必要时能运用媒介语（如英语）进行阐释和说明。

优秀汉语教师的课堂教学言语更加简练、清楚、节奏适当、条理清晰，也更加抑扬顿挫和声情并茂（部分优秀教师的课堂话语还有一定的幽默感），符合相对于学习者汉语水平的"i＋1"原则，能充分发挥其引导、沟通、解释、总结等作用，同时具有一定的启发性和相当的感染力，不仅使学习者更容易理解所教内容，有利于重现和复习已学汉语，而且其言语本身也因为规范、标准而值得学习者模仿和记忆。

6. 运用体态语言

合格汉语教师会有意识地使用表情、手势、其他身体动作等非言语方式，来辅助对汉语知识的解释和技能的训练，传递信息，表达情感，以增强汉语教学的效果，同时能注意到课堂上所用各种体态语的跨文化性。

优秀汉语教师能确立一套成熟、有效的带领学习者进行言语技能训练的体态语言，能有效利用表情、手势、其他身体动作等体态语对一些汉语知识进行解释、示范，有效减少教师课堂用语，提高课堂教学时间的利

第七章 汉语国际教育与教师跨文化交际能力提升

用率,进而有效提高汉语教学的质量。

7. 设计板书板画

合格汉语教师会根据教学目标和教学内容的特点认真准备,使自己的板书简洁美观,书写规范,布局合理,层次分明,重点突出,以增强教学效果(比如巩固汉字认知),加深学习者的记忆。

优秀汉语教师会在文字准确、书写端正、条理分明,且与教学内容、其他呈现手段(比如卡片、多媒体、体态语言、话语)相结合的基础上,注重板书板画的计划性、生成性、规范性、艺术性、多样性和启发性,使学习者看到板书时不仅能深入理解所学内容,而且能产生书写汉字的兴趣,更喜欢学习汉语。

8. 运用教育技术

合格汉语教师会根据教学目标和教学内容的特点选择恰当的教具和媒体形式呈现教学内容,并配以恰当的说明,使学习者更容易理解内容,提升教学效果。

优秀汉语教师对各种教学手段和工具等都能熟练使用,能基于教学内容特点、学习者认知倾向以及教学场景来呈现教学内容,有些优秀教师能自己制作一些特别的教具,以最大程度地促进学习者的理解,进而实现教学目标。

9. 讲解教学内容

合格汉语教师能够在透彻理解和熟练掌握自身所具备的知识和技能基础上,找到适当的技巧和方法(比如举例、类比)清楚地解释所教内容,以促进学习者的理解和掌握。

优秀汉语教师不仅自己积累了很多有效地解释知识点的技巧和方法,也善于引导和展示,促进学习者理解和掌握教学内容,还能根据课堂教学实际情况进行适当的调整,找到更有针对性的解释方法。

10. 巩固所学内容

合格汉语教师能够根据教学设计,采用一定的方法引导学习者对所学知识和技能等进行巩固,提高学习质量(比如记得更牢或者由对语言知识的理解和记忆上升为对技能的掌握)。

优秀汉语教师积累、储存了很多指导学习者巩固不同类型知识和技能的方法,能根据不同学习者的具体学习情况有针对性地采取多种不同方式和方法对内容进行再现、练习和巩固,以最大限度地提高每名学习者的学习水平。

11. 引导迁移运用

合格汉语教师能够根据教学内容,设计一系列活动和任务引导学习者将其所学知识和技能运用到真正的交际场景中。

优秀汉语教师积累了大量在实践中应用知识和技能的活动和任务,能够根据不同学习者和所学内容的特点选择恰当的、有一定变通性和生成性的方式,促进其在具体言语交际场景中进行迁移和应用。

12. 指导学习方法

合格汉语教师会在具体汉语教学的过程中告诉学习者(尤其是中高级阶段的学习者)语言学习的具体方法,以提高其学习质量和效果。

优秀汉语教师不仅掌握很多具体有效的语言学习方法,而且能在教学过程中结合具体的汉语教学内容,有意识地渗透汉语学习方法和策略,培养学习者自主学习和有效学习的意识和能力。

13. 促进汉语学习

合格汉语教师在教学时会有意识地观察学习者的反应,尤其是特殊学习者(比如语言学习能力超强者和学习能力欠缺者)和边缘学习者(比如学习基础比较差或者性格比较内向的学习者)的反应,并能根据其具体情况给出相应的个别指导,促进其汉语学习。

优秀汉语教师会积累很多适用于不同学习者和教学内容并能提高学习效果的方法和技巧,也会根据具体教学情况布置不同的学习任务,满足不同程度学习者的学习需求,能及时发现并有效处理学习者语言水平、语言学能差异较大及语言发展不平衡时所出现的问题,使不同语言水平的学习者都能得到充分发展。

第七章　汉语国际教育与教师跨文化交际能力提升

14. 把握提问技巧

合格汉语教师能够根据教学设计和教学情况在恰当的时机对学习者进行课堂提问,问题表述准确、明白,容易被学习者理解。

优秀汉语教师能根据课堂教学的实际情况,针对不同学习者设计适合其汉语水平、契合其兴趣点的问题,使学习者可以参与回答并有所收获,提问恰当且具有层次性,问题本身既有良好的启发性,又与学习者已学知识、兴趣点、教学内容主题等具有高度相关性,提问方式灵活(除了问句,还利用音调的变化、重读等方式),开放性问题比重大,同时也能抓住所教内容的重点和要害,提出有分量的问题,即有较强的问题把握和调控能力。

15. 提供有效反馈

合格汉语教师会有意识地观察学习者的言谈举止(尤其是回答问题和质疑所教内容时)和情绪表现,并给予有效的针对性反馈,有时会适当进行追问,以推进教学进一步深入和提升教学效果。

优秀汉语教师会全面且有重点地对学习者的问题进行回答、归纳和总结,并对其表现进行监控,善于在学习者的回答中捕捉机会(如就学习者回答问题的某句话或某个观点),有效推进教学的深入,善于把评价权交给全体学习者,切实促进学习者之间及其与教师之间的深层交流和互动。以纠错为例,优秀汉语教师更擅长在把握学习者特点、水平、学习阶段以及具体问题的基础上决定什么时候"错而不纠",什么时候该严格纠错,以及具体采用什么方式(如直接纠错还是间接纠错)来纠正。

(四)汉语教学管理能力

1. 管理课堂秩序

合格汉语教师会采用一定的方法维持正常的课堂教学秩序,能应对学习者的违纪行为和突发事故,以保证教学活动的顺利开展和教学目标的实现。

优秀汉语教师会根据不同国家和地区的情况,提前制订清楚、明确的教学规则,有意识地引导学习者进行自我管理,也积累了很多有效监督、管理学习者的方法和技巧,能够具有前瞻性地预测学习者可能出现的违纪行为,因势利导、迅速有效地进行应对,以维持良好的课堂教学环境和氛围,对课堂教学有很强的掌控力,能有效建立课堂常规、处理突发事件,并善于从学习者的违纪行为或突发事故中捕捉有利且有效的因素,将其转化为教学资源。

2. 管理教学时间

合格汉语教师会从实现教学目标的角度给不同教学环节和内容安排合理的教学时间,能在预定的时间内完成规定的教学环节、内容和任务。

优秀汉语教师会重点观察学习者的学习情况,并在此基础上灵活、及时地调整某些环节和内容的教学时间,必要时会对教学目标有所修改,对教学内容有所取舍,将部分教学内容调整到其他教学环节(比如课后作业中),以便更好地应对新情况或者突发情况。

3. 管理课堂空间

合格汉语教师会有意识地营造良好的汉语教学环境,不仅能布置舒适、美观、有趣且有利于促进汉语学习的教室环境,而且能建立宽松、平等、自由的心理环境。

优秀汉语教师不仅会有意识地营造良好的汉语教学环境,还会充分利用教室及其以外的资源,并能在教学时处理各种突发问题和事件,将其转化为教学资源和机会,从而维护良好的教学环境和课堂氛围。

(五)汉语教学评价能力

1. 评价学业表现

合格汉语教师能够采用一定的方式收集有关学习者言语行为表现等学业方面的信息,并根据教学目标等评估标准对其进行恰当的评价。

优秀汉语教师能够在与学习者沟通交流的基础上建立合适的评价标准,并积累很多针对不同教学内容的评价方式,在具体测试时,能够根据不同的教学目的和学习者的特点,选择或设计合适的评价方式(比如编制试卷、运用档案袋评价等),对学习者的学业表现进行个性化的恰当评价,准确把握其在学业上的具体进展及其背后的原因,有计划、周期性地给出有建设性和指导性的学习反馈信息,并据此来调控教学。

2. 评价教学效果

合格汉语教师会有意识地从教学过程和结果中收集信息,然后在最初所设教学目标的基础上设立一定的评估标准,从不同的维度对教学过程和结果进行评价。

优秀汉语教师会更全面地收集有关教学过程和结果的信息,然后结合汉语教学的终极目标,更宏观地设定教学评价标准,使用恰当的评价方法对教学过程和结果进行全面、恰当的评价,并依据评价结果有效改进自己的汉语教学。

三、教师的跨文化交际能力

跨文化交际能力是汉语教师必备的核心能力之一,这是由汉语国际教育这一工作的跨文化性特点决定的。国内的汉语教师跟学习者分属不同的文化,国外本土汉语教师所教的内容跟自己的母语分属不同的文化,这都涉及跨文化交际,一定的跨文化交际能力对汉语教师来说是职业需要。对于被外派到国外任教的中国汉语教师或志愿者来说,他们跟学生、学生家长、当地同事、当地社区居民(房东)等群体或个人之间存在更为广泛、多样的跨文化交际,而且这种跨文化交际频繁出现在办公室、教室、校园、住处、餐厅等各种工作和生活的场所,一定的跨文化交际能力对他们来说,除了是职业需要之外,还是人际交往和生活的需要。当然还有一部分汉语教师对其他文化有兴趣,一定的跨文化交际能力也可以满足他们这方面的兴趣和爱好。

(一)对汉语教师跨文化交际能力的基本认识

1. 汉语教师跨文化交际能力的定义

汉语教师跨文化交际能力属于工作领域的一种职业能力,其倾向性

更强,结合汉语教师的职业特点,可以认为:

汉语教师的跨文化交际能力是指在一定的跨文化意识和多元文化态度等内在观念的支配下,在尊重并理解文化多样性的基础上,汉语教师有效使用自己所拥有的知识、技能、情感、策略和个性特点,在特定文化环境下与不同文化背景人士进行交际实践所表现出来的一种综合性活动能力;一定水平的跨文化交际能力能够保证汉语教师交际的得体性和有效性,进而带来成功的交际和合作、人际关系的建立和维持,以及任务的顺利完成。

这个定义主要包含以下三层意思:

(1)汉语教师的跨文化交际能力是一种综合能力,既包括汉语教师的意识、态度等,也包括其所拥有的知识、技能、情感、策略和个性特点等要素,还包括言语能力、非言语能力、交际实践能力、跨文化适应能力等多项能力。韩裔美国学者金荣渊(Kim)就认为跨文化交际能力已经不仅仅是交际能力,更是交际个体认知、情感等内在系统在所有跨文化交际情境中的应对。

(2)跨文化交际能力表现为汉语教师与不同文化背景人士交际的得体性和有效性。判断得体与否的标准是交际双方是否都觉得合适、恰当和得体,判断是否有效的标准是交际双方能否获取既定的交际结果,比如提升交际双方的关系、完成交际发起者所计划的任务或者减少误会等。

(3)跨文化交际能力主要服务于有效交际和成功合作,以及顺利完成教学任务,当然也能满足汉语教师对多元文化的兴趣,提高其整体素质。汉语教师跨文化交际能力从根本上说是一种职业能力,是为更好地完成教学任务服务的,这里的"任务"主要是汉语作为第二语言教学任务,当然也有文化传播任务等。要完成这类任务需要跟当地同事、学生、学生家长、社区民众等各种不同文化背景的人士进行广泛的沟通和交际。

2. 汉语教师跨文化交际能力的特点

有关跨文化交际能力特点的研究很少,祖晓梅谈到跨文化交际能力具有综合性和动态性等特点,但也没有展开。

跨文化交际能力是汉语教师能力的一部分,汉语教师能力所具有的

第七章 汉语国际教育与教师跨文化交际能力提升

实践性、综合性、个体性、层次性、发展性和创造性等特点,跨文化交际能力也都有。

(二)汉语教师跨文化交际能力的构成

汉语教师跨文化交际能力是一种综合性能力,是一个内容丰富的能力系统,包含很多要素,涉及很多层面,仅从某一个角度或方面很难全面透视其构成。基于此,我们主要从构成维度和具体能力系统两个角度进行探讨。

1. 汉语教师跨文化交际能力的构成维度

在前人研究的基础上,我们认为,汉语教师跨文化交际能力主要包括态度、知识、技能、意识、情境等维度,其中态度、知识、技能和意识属于汉语教师的个体属性,情境是从跨文化交际能力本身来说的。

态度维度是指汉语教师对其他语言和文化所持的立场,主要包括尊重、开放、好奇、包容、情感等。尊重是指汉语教师要尊重文化多样性,即尊重所有的文化类型及其思维方式、行为方式,尤其是跟中国文化及中国文化的思维方式、行为方式不一致的方面;开放是指汉语教师在跨文化交际中对各种文化敞开心胸,接纳交际方的各个方面;好奇是指汉语教师对其他文化感兴趣,愿意积极主动地去发现、了解和熟悉,类似于跨文化交际的动机;包容是指汉语教师应容许文化多样性(即各种文化及其理念和行为)的存在(包括交际过程中出现的不确定、不清楚等模糊方面),即便对自己不欣赏的文化、理念和行为也不轻易否定;情感是指汉语教师对交际对象的观点和行为(甚至整体文化)等表现的感情心理的反应。

知识维度主要是指在跨文化交际时汉语教师所要用到的各个方面知识,主要包括有关中国和交际方国家各个方面的文化知识,比如政治制度、社会规范、风俗习惯、社交礼仪、历史、地理、宗教、种族、主要价值观等,尤其是比较主流的方面。当然,具体跨文化交际中,汉语教师要了解形成自己和对方观点的具体文化知识,涉及交际对象、交际情境、社交礼仪、相关风俗习惯等方面。

技能维度主要是指汉语教师所应具备的认知技能、交际技能和适应技能。认知技能既包括跨文化交际中观察、转听、评价、分析、解释、关联等能力,也包括感知、理解、学习新知识的能力,比如查阅自己不了解的、有关中国或交际方国家的具体信息,熟悉、适应新的行为方式或习惯等;交际技能是指观察、解释、分析、联系、对比、评价、适应中外文化之间的差异,以及在此基础上运用言语、非言语等行为和各种技巧灵活调解冲突、顺利完成任务的能力,尤其是设身处地从对方立场着想,理解其观念和行为,即移情的能力,比如汉语教师能够有效化解跟当地同事在工作上产生的误解和冲突、跟学生家长协调对汉语教学的不同认识和理解;适应技能是指汉语教师适应特定文化环境(尤其是海外)及不同交际行为和习惯的能力,尤其是应对被孤立和疏远、面对挫折和压力的能力。

意识维度是指汉语教师在跨文化交际中应有交际意图、自我意识、跨文化意识、批判意识、学习意识。交际意图是指汉语教师在跨文化交际中应明确自己的交际目的,这影响着跨文化交际的行为和方向;自我意识是指汉语教师在跨文化交际中应明确自己的中国文化立场、自己的身份和自己的交际目的等;跨文化意识是指汉语教师应在理解双方文化的基础上意识到交际方的不同文化立场,时刻意识到自己是在进行跨文化交际;批判意识是指汉语教师依据多元文化的观点对交际双方的文化、行为等做出评判,具体来说,即在明确自己的中国文化立场的同时要有自己的判断,克服自我文化中心倾向,当然对交际方的文化也应有批判意识,既在自己评判的基础上看到其好的一面,也能看到其不好的一面;学习意识是指汉语教师愿意了解不同文化的思维方式、观念和行为,尤其是在跨文化交际中遇到自己不了解、不清楚的带有文化特点的观点或行为时愿意积极地去了解和学习。

情境是指跨文化交际都发生在一定的情境之中,判定汉语教师跨文化交际能力的高低也应在具体情境中进行,因为包括汉语教师在内的每一个人,可能在某些情境中跨文化交际能力很高,但在另外一些情境中跨文化交际能力就不高。

2. 汉语教师跨文化交际能力的具体能力系统

在已有研究的基础上,结合汉语教师的工作特点,可以认为,汉语教师跨文化交际能力具体包括语言交际能力、非言语交际能力、策略能力、移情能力、跨文化适应能力、人际关系方面的能力以及保持正确、积极的

第七章　汉语国际教育与教师跨文化交际能力提升

态度的能力七种能力。

语言交际能力包括基本语言能力、社会语言能力、语用能力以及语篇能力等。对国内的汉语教师来说，语言交际能力是指外语交际能力；对国外本土汉语教师来说，是指用汉语进行交际的能力。基本语言能力主要是指汉语教师听、说、读、写、译等语言技能；社会语言能力是指汉语教师灵活运用各种语言功能变体的能力，主要包括使用方言和规范语、了解所使用语言的不同文化内涵等；语用能力是指汉语教师有效运用语言知识以达到特定交际目的和理解特定情境中言语的能力，涉及交际情境、目的、说话人关系、交际策略以及其他有关社会文化的因素；语篇能力是指掌握不同语篇类型，用语言做事的能力，主要包括在交际中进行有效衔接和连贯表达的能力、在语境中使用语言的能力、适当改变语言风格的能力等。

非言语交际能力主要是指汉语教师以非言语的方式（比如体态语）进行交际的能力，主要包括眼神、微笑等面部表情，手势等体态语，空间距离等环境语方式，有时还包括话语的音量、语调等副语言方式，其关键是把握好同一个非言语方式在不同文化（尤其是交际方文化）中的不同含义。

策略能力即运用交际策略的能力，是指在跨文化交际过程中因语言或语用能力有缺陷，为避免交际失误或达不到目的而采取的补救策略，比如语码转换策略、近似语策略、非言语策略、合作策略、发起或停止跨文化交际行为的策略等。在跨文化交际过程中容易发生误会和曲解，为了增强交际效果，减少误会，汉语教师应采取相应的交际策略。

移情能力是指汉语教师有意识地避开自己母语文化定式上思维和感情的束缚，站在对方语言文化立场上进行思考和体验感情的能力，还包括让对方知道你充分理解他的思想和感情的能力。通俗地讲，移情能力就是将心比心，站在对方的角度去思考、去体验、去交际，并且让对方感受到被理解，最终实现交际目的。

跨文化适应能力是指汉语教师在跨文化环境中根据交际方的文化特征调节自身交际行为的能力，包括三个层次：在理解对方文化的基础上对两种文化差异的敏感；对这种差异持一种宽容的态度；在此基础上进行灵活处理。文化适应能力的前提是具备文化认知能力，即对特定文化（尤其是涉及跨文化交际、自己不熟悉的事物）的思维模式、价值观念和交际规范进行了解、描述、解释和评价的能力。

人际关系方面的能力是指汉语教师与特定文化中的人建立和保持关系的能力,尤其是合作能力,即基于共同利益和需要,充分发挥自己的作用,与对方通力合作、实现双赢的能力。

保持正确、积极态度的能力是指汉语教师对各种文化持尊重和开明的态度,尊重文化的多样性,愿意了解不同的文化,并与该文化中的个体进行沟通和交际,在交际过程中采取悬置的态度,能容忍各种文化中的模糊性和不确定性,遇到文化冲突(包括遇到挫折、压力、疏远、冷漠等)时能及时调整自己的心态,使自己放松。

在此七项能力中,语言交际能力是最重要、最核心的能力,是跨文化交际能力的基础和主体;移情能力和跨文化适应能力属于汉语教师跨文化交际能力中的核心能力,同时也属于特定能力(或专属能力);其他几项具体能力同样很重要。

(三)汉语教师跨文化交际能力的培养

培养汉语教师的跨文化交际能力,要从提升跨文化交际能力的各个构成要素和具体能力入手,在此基础上再熟悉一些交际技巧。

1. 提升跨文化交际能力的各个构成要素

汉语教师跨文化交际能力是一项综合能力,包括知识、技能、态度、意识、情境等要素,将这些要素提高了,汉语教师跨文化交际能力自然也会提高。

(1)积累、丰富自己的文化和国情知识

了解交际双方文化和国情知识是形成跨文化交际能力的基础。如果汉语教师连对双方文化和国情最基本的了解都没有,很难想象其会有较强的跨文化交际能力。

此外还有一些跟特定国家的人交往时应注意的礼仪,如跟阿拉伯人交谈时忌讳双手交叉着说话;与日本人交往,初次见面别送礼,接受礼物要回礼;与法国人交往,初次见面更不要送礼,否则有行贿之嫌。从理论上说,汉语教师都应该掌握以上知识,但现实中很多汉语教师可能掌握得没有这么全面。汉语教师至少应该掌握有关学习者的一些关键性知识,比如遇到有宗教信仰的学习者,汉语教师应对该宗教有所了解。其

第七章　汉语国际教育与教师跨文化交际能力提升

他的知识,汉语教师可以采用选修相关培训课程、听一些文化性的专题讲座、阅读相关书籍、上网搜索等方式,随时有意识地了解和熟悉。

(2)提高自己的认知技能、交际技能和适应技能等具体技能

认知技能、交际技能和适应技能都是汉语教师的基本技能,同时也是跨文化交际能力的基本组成部分,非常重要。前面提到的知识,汉语教师不可能都了解,更不可能都熟悉和精通。怎么办？这就需要汉语教师具备一定的认知技能,在跨文化交际时提前做做"功课",对可能要用到的知识提前进行了解和学习。比如知道自己将被派到其他国家教汉语,汉语教师可以提前在国内了解该国的历史、文化、风俗习惯等相关知识,以便将来在工作中能够得体地进行跨文化交际。再如学生的提问,有些可能超出汉语教师的知识范围(比如中医),教师可以如实告诉他自己暂时还不了解,回头查阅了解后再回答。当然除了自己查阅资料,汉语教师还可以咨询有相似工作经历的同事。还需要注意的是,汉语教师要用对方听得懂的语言,进行针对性的解释,这也是认知技能的重要组成部分,值得重视。

交际技能是跨文化交际能力的重中之重。交际技能本身也是一个复杂的概念,涉及很多方面,主要是指汉语教师利用一切可能的、合情合理的方式或手段(主要是语言和体态)达到交际目的的能力。交际技能提升的方式主要是通过交际实践,尽可能多地与不同文化背景的人交际,积累经验,同时可以通过案例研讨的方式来提高自己的交际技能,比如一个将要到阿根廷任教的汉语教师,可以搜集以前在阿根廷任教的汉语教师(或者是其他语种的外语教师)跨文化交际的案例,积累相关经验和技巧,当然也可收集外交、商务等领域的交际案例进行分析研讨,予以借鉴。

适应技能也是跨文化交际能力的重要组成部分。适应技能需要一定的身心素质做基础,具体来说,适应不同环境的饮食、气候等方面需要一定的身体素质,尤其是处于陌生环境的时候；适应不同文化的风俗习惯、交际行为等方面需要一定的心理素质,尤其是遇到交际冲突的时候。培养适应技能的关键在于汉语教师对跨文化环境、对自己有一个全面辩证的认识,以及在此基础上对心态和行为的恰当调整。提升适应技能的关键在于提升对跨文化环境的认识水平以及自我调整能力。另外,汉语教师还需要坚持锻炼身体,提高对自然环境和饮食等方面的适应能力,如果能跟当地同事或社区的人一起活动,在锻炼身体的同时也能与他们

进行交际。

汉语教师提高自己的各项具体技能的最好方式是多进行跨文化交际实践,如果条件不具备,可以考虑采用角色扮演、在网络上进行跨文化交际(比如视频聊天)等方式。

(3)调整自己对待不同文化的态度

在跨文化交际活动中,态度很重要,甚至可以说"态度决定一切"。如果对其他类型的文化缺乏正确的态度,汉语教师往往很难成功地进行跨文化交际。不正确的态度往往表现为居高临下、缺乏尊重、漠不关心、吹毛求疵、对事冷漠、对人冷淡等。汉语教师要形成多元文化观念,应平等对待每一种文化以及每一种文化中的人、事、物;以恰当的方式尊重各种文化在价值观、信仰、思维方式、审美方式、行为方式等各方面的差异;对与自己文化不同的方面或者自己不知道的方面保持敏感和好奇;不用自己文化的标准来评价对方文化的优劣;遇到不清楚、不理解、不认同、不欣赏的文化观念或行为时要多沟通、多包容;等等。

调整自己对不同文化的态度大体可以分为两个层次:承认和接受。汉语教师首先要认识到世界文化的多样性,在此基础上逐步从深度和广度上去了解不同文化的各个方面。调整态度的关键是对不同文化的认识。汉语教师需要对不同文化类型(尤其是自己任教国家和地区的文化)多了解(其实质还是对相关文化知识的掌握),多从对方的角度考虑问题,增强自己对不同文化的认识,形成自己对不同文化的正确态度。了解不同文化类型的方式有很多,看书、看影视资料、几个教师一起进行讨论、开展案例分析和研讨、跟来自不同文化环境的人交流,甚至是在网上跟世界各地的人进行跨文化交流等都是很好的方式。

(4)增强自己有关跨文化交际的意识

有关跨文化交际的意识包括很多方面,比如交际意图、自我意识、批判意识、学习意识等。有了明确的交际意图,才容易把握住跨文化交际中的重点;有了明确的自我意识,往往能在跨文化交际过程中持不卑不亢的态度;有了一定的批判意识,往往能克服自我文化中心倾向;有了强烈的学习意识,就愿意去了解不同文化的价值观、思维方式和行为习惯等,去探究不清楚、不明白的文化"结点"。

如何增强自己有关跨文化交际的意识?方式有很多,比如与来自其他文化背景的同事交朋友,包括用言语或非言语的方式表示对他人的支持和巩固同伴友谊等。案例分析、参加文化专题研讨会、进行中外文化

第七章　汉语国际教育与教师跨文化交际能力提升

对比、到海外实习等方式也能增强自己的跨文化交际意识。

（5）熟悉各种可能发生跨文化交际的情境

包括跨文化交际在内的一切交际行为都发生在一定的情境之中。汉语教师跨文化交际的对象主要有学生及其家长、当地同事、社区民众等，进行跨文化交际的情境有教室、办公室、校园、社区、公园、超市等各种生活和工作的场景。汉语教师可以根据自己的交际需要，对各种跨文化交际的情境进行了解和熟悉，尤其要注意了解跟国内类似场景的异同、属于文化禁忌的知识。在此基础上，汉语教师要及时调整自己的认识，为顺利进行跨文化交际奠定基础。在实践中，汉语教师可能因为熟悉学校环境而能够跟当地同事成功地进行跨文化交际，也可能因为不熟悉所在国的社区情况而使自己跟社区民众的跨文化交际不顺利。

2. 提高构成跨文化交际能力的各项具体能力

汉语教师跨文化交际能力包括语言交际能力、非言语交际能力、策略能力、移情能力、跨文化适应能力、人际关系方面的能力以及保持正确、积极态度的能力七种能力。要提高汉语教师的跨文化交际能力，也可以从提高这七种具体能力入手。

（1）提高外语水平

语言交际能力是跨文化交际能力的基础和关键。学好外语（或媒介语）是提高语言交际能力，进而形成跨文化交际能力的核心途径。很多有海外任教经历的汉语教师反映，在跨文化交际过程中最大的困难还是语言水平不够，不能很快找到恰当的语言来表达自己的意思。应该说，把握住"提高外语水平"这个途径，就把握住了提高跨文化交际能力的关键。

对出国任教的汉语教师来说，关键是要把自己的英语或任教国通用语学好，尤其是能听和能说，至少要能与当地同事进行交际。对各国的本土汉语教师来讲，要把汉语学好，至少要达到《国际汉语教师标准》所要求的汉语水平。语言水平提高了，语言交际能力提高了，汉语教师的跨文化交际能力自然就能得到提高。

（2）熟悉中外文化差异

熟悉中外文化差异是汉语教师跨文化交际能力形成的基础。无论是语言交际能力、非语言交际能力、移情能力、跨文化适应能力、人际关系方面的能力,还是保持正确、积极态度的能力,都需要汉语教师熟悉中外文化之间的差异。这里所说的差异,既有物质文化(如服装、饮食、建筑等)方面的差异,也有制度文化(如政治制度、法律制度、经济制度等)方面的差异,还有观念文化(如宗教、历史、哲学、艺术、价值观等)方面的差异。

  汉语教师对来自不同文化的语言、行为、习俗和规范的解读,其实就是对该观念文化及其所代表意义系统的解读。观念文化(尤其是价值观)涉及深层文化结构,支配着人的言语、行为、信念和态度,通过对不同文化的感知和解读,汉语教师可以对跨文化交际过程中可能会出现的差异或冲突有所准备,进行适当的心理预设,运用所学语言和文化知识来灵活处理跨文化交际中出现的各种具体问题,从而减少这种跨文化交际中所出现的不确定性。汉语教师应不断学习、广泛阅读,有意识地、系统地了解、熟悉和比较各种文化,熟知中外文化差异,提高对这种差异的敏感性,进而提高自己的跨文化交际能力。

  (3)积极进行交际实践和虚拟交际实践

  即便了解、熟悉、掌握了与跨文化交际有关的中外文化知识,也只是奠定了跨文化交际能力的基础,跨文化交际能力的形成离不开跨文化交际实践。在具备一定的中外文化知识和语言能力基础上,汉语教师要利用一切可以利用的机会进行跨文化交际,增加体验,即"在跨文化交际中学会跨文化交际"。如果在国内教汉语,汉语教师可以跟不同文化背景的学生进行交际,这样既训练了学生的汉语技能,还丰富了汉语教师自己的跨文化知识,锻炼了交际技巧。还可以结合课堂所学内容来进行跨文化交际实践,比如学习"到朋友家做客"这个主题,汉语教师可以让不同文化背景的学生说说或表演到朋友家做客的情况(在自己的国家中或文化背景下),以强化其与到中国朋友家做客的情况对比。这样学生和汉语教师的跨文化交际能力都得到了提高。在国外任教的汉语教师,更应该在充分准备的基础上尽可能地利用一切机会,采用多种方式与学生、学生家长、当地同事、社区居民等进行交际,在具体的交际实践中锻炼自己的跨文化交际能力。对各个国家的本土汉语教师来讲,同样应该利用一切可能的机会(如跟中国同行进行学术交流,到中国培训、研修等)锻炼自己的跨文化交际能力。

  暂时无法进行跨文化交际实践的汉语教师,可以考虑采用虚拟交际实践的方式来提高自己的跨文化交际能力。日益普及的多媒体、信息网

第七章　汉语国际教育与教师跨文化交际能力提升

络等为暂时没有机会进行跨文化交际的汉语教师提供了虚拟交际的条件和机会,汉语教师完全可以通过互联网与同行、学生、朋友等外籍人士进行跨文化交际实践。

(4)案例分析和角色扮演

案例分析和角色扮演也是汉语教师提高自己跨文化交际能力的重要途径。汉语教师可以收集一些自己的前任教师(或者留学生)进行跨文化交际的案例,深入分析其交际成功或失败的表现、原因和补救措施,以便间接性地积累经验。值得注意的是,收集的案例应涉及汉语教师跨文化交际的方方面面,既包括交际失败的案例,也包括交际成功的案例,分析要透彻,注重分析其背后的原因和应对策略。汉语教师要积极进行相关文化学习和验证性交际实践,这样才有利于提高跨文化交际能力。

角色扮演是第二语言学习者经常使用的一种语言学习方法,同时也是一种能够有效提高跨文化交际能力的方法。汉语教师选择一个典型的交际场景,明确几个关键性的角色,让学生通过扮演这些来自不同文化背景的角色来体会跨文化交际的过程,提高跨文化交际能力。汉语教师也可以参与其中,担任其中一个角色,进行跨文化交际。

如果汉语教师没有机会或不方便参与到角色扮演活动中,也可以进行角色代入,想象如果自己是某个角色,应该怎么办。在对跨文化交际案例的分析中,汉语教师也可以进行角色代入,想象自己遇到案例中的场景时应该怎么办。有了角色代入所积累的经验,再加上自己的中外文化修养,汉语教师将来在真正的跨文化交际实践中,就有了合理的心理预设,能够提前做好相应的准备,从而成功地进行跨文化交际。

四、文化传播能力

文化传播能力也是汉语教师应具备的一项重要能力。语言和文化不可分割。教语言本身就是教文化、传播文化。在教留学生学习汉语的同时,国内对外汉语教师也在传播中国文化,而且是进行跨文化传播。随着汉语国际教育的发展,汉语作为第二语言教学的主阵地已经由国内扩展到国外(以孔子学院为代表)。除了以前较为传统的结合汉语教学传播中国文化外,在国外任教的汉语教师还要直接传播中国文化,比如开设相关文化课程,在学校或社区开展文化活动等,这种方式的中国文化传播既是汉语教师的基本业务活动之一,也是孔子学院等中文教学机构的基本职能之一。

(一)对汉语教师文化传播能力的认识

要正确认识汉语教师文化传播能力,应先把"文化传播"的实质、要素和特点等方面了解清楚。

1. 文化传播

传播的本质是信息的交流和分享,是创造共享文化的过程,是信息编码、信息交换和信息解码的互动过程。文化传播是汉语教师使用某种符号系统对中国文化进行编码,接受者对接收到的符号系统进行解码,获知相应的中国文化内容。其实质是汉语教师和来自不同文化背景的接受者对中国文化的交流和分享,也有与接受者的文化互动,同时还是一个维持和改变接受者对中国文化的理解和态度过程。

本书所指的"文化传播"其实是跨文化传播,是在另外一种文化环境中传播中国文化,是中国文化要素的扩散和渗透。中国文化属于东方文化,注重内省,重情感、重伦理、重集体、重统一、重人文、重直觉体悟,学生所代表的文化却未必如此,比如欧美学生所适应的西方文化重智、重个体、重宗教、重差异、重科学、重逻辑分析,这种跨文化环境为文化传播增加了难度和不确定性。

一般来讲,传播可以分为人际传播、组织传播和大众传播三种。人际传播往往是两个人或两个人以上的信息传受过程,它包括两人交谈、小组讨论、大会报告、社区活动等多种形式。传播者往往是某个个体,比如汉语教师;接受者是与传播者有接触可能的个体,数量不多,比如学生、学生家长、社区民众等。人际传播的优势在于传受者可以进行双向的互动和交流,收到信息后,接受者可以提供反馈,传播者可以根据反馈情况调整传播速度和方向,实现有针对性的传播等。显然,汉语教师所进行的文化传播主要是人际传播。

汉语教师所进行的文化传播主要是日常生活、工作层面的跨文化传播,也可以说是一种日常生活实践。汉语教师可在日常工作中或工作以外的交际活动中展示文化,进行文化传播,比如基于汉语教学的需要讲

第七章　汉语国际教育与教师跨文化交际能力提升

授中国文化,开展中国文化讲座,在重大节日到社区进行中国传统文化表演等。

2. 文化传播的基本要素

美国学者拉斯韦尔曾提出"5W"传播模式,认为传播过程包含五大要素:who(谁)、says what(说了什么)、in which channel(通过什么渠道)、to whom(对谁)、with what effects(取得什么效果)。这也正是文化传播的五个基本要素:传播者、传播内容、传播途径、接受者和传播效果。

本书讨论的跨文化传播,传播者是汉语教师,传播途径主要有课堂教学、学校活动、社区活动等几种,传播内容是中国文化,接受者是学生、学生家长、社区民众等群体或个人,传播效果是指接受者对中国文化的认知和理解程度。这五个要素中,传播者、传播内容、接受者,是文化传播的基本要素。

3. 文化传播的特点

(1) 跨文化互动

汉语教师的文化传播是一种跨文化传播,是汉语教师与接受者(主要是学生、学生家长和社区民众等)跨越两种文化来分享和交流中国文化的意义的过程。汉语教师试图通过展示和讲解让接受者全面理解中国文化,其实质就是影响接受者;接受者在感知中国文化的同时做出各种反应(包括提问、评论和非言语行为等),这对汉语教师也是一种影响。可以说,文化传播的过程就是一个跨文化的意义共享和互动过程。

(2) 文化共享性差

文化共享性差即传播者和接受者缺乏共同的文化特征。汉语教师文化传播是指跨文化传播,接受者与作为传播者的汉语教师(尤其是来自中国的汉语教师或志愿者)分属不同的文化类型,缺乏共同的文化特征;接受者与作为传播内容的中国文化也分属不同的文化类型,同样缺乏共同的文化特征。换句话说,接受者与汉语教师及其传播的中国文化,在认知体系、规范体系、语言和非言语符号系统等文化要素方面都有很大的差异,共享性较弱,以至于在文化传播过程中容易出现沟通障碍。

(3)不可回收性

不可回收性是所有传播活动的特点之一,也是汉语教师文化传播活动的特点之一。中国文化一旦被汉语教师传播出去,就不可回收;同样,接受者一旦受到了中国文化的影响,形成了某种认识或态度,也同样很难回收。当然,经过进一步有意识地影响,接受者的认识或态度可能得到加深或改变。因此汉语教师在选择中国文化内容进行传播时,一定要谨慎考虑其恰当性、准确性。

4. 汉语教师文化传播能力

在理解文化传播活动的基础上,我们这样界定汉语教师文化传播能力:

汉语教师文化传播能力是一种综合能力、活动性能力或能力集合,是指汉语教师在把握跨文化传播规律的基础上采用恰当的方式有效展示和解释中国文化的能力,一定水平的文化传播能力能够保证中国文化传播的有效性,即能使接受者在分享和交流的过程中改变自己对中国文化的认识、态度和情感,它主要包括以下三层意思:

第一,汉语教师文化传播能力是一种活动性综合能力或能力集合。它包括根据接受者的兴趣恰当地选择要传的中国文化主题的能力;使用语言、图像等符号系统对要传播的中国文化内容进行改造、编码的能力;把握接受者所属的文化特点、关注自己与接受者双方在具体文化内容理解上的跨文化差异的能力;选择恰当的传播途径和方法,保证接收者能够正确感知、理解中国文化内容,甚至对中国文化产生兴趣的能力等几种具体的能力。当然也包括汉语教师的言语能力、沟通能力等基本能力,它时刻体现在汉语教师的言谈举止等各个方面。

第二,一定水平的文化传播能力表现为中国文化传播的有效性。判定有效性的标准是接受者对中国文化有好感和兴趣,认识更全面、理解更深入、态度更积极,对中国更了解、更友好。就具体某一次文化传播来说,判定有效性的标准是接受者对文化信息接收与理解的一致性,既包括接受信息与所传播信息的一致性,也包括接受者对信息意义的理解与传播者对信息意义理解的一致性。这种一致性的程度越高,文化传播越有效。

第三,汉语教师文化传播能力主要服务于增进接受者对中国文化及

第七章　汉语国际教育与教师跨文化交际能力提升

中国各个方面的了解和认识（即"知华"），改变他们对中国的态度（即"友华"）。比较理想的目标是通过文化传播让他们对中国产生一定的感情（即"爱华"）。

5. 汉语教师文化传播能力的特点

作为汉语教师能力的一种，文化传播能力具有综合性、发展性、情境性、个体性等特点。

文化传播能力需要很多具体能力的支持，具有鲜明的综合性。文化传播能力可以通过一些途径来培养和发展，具有发展性。在不同国家和地区传播中国文化，自然要"入乡随俗"，所以文化传播能力具有情境性。不同的汉语教师有不同程度的文化传播能力，所以文化传播能力具有个体性。

（二）汉语教师文化传播的影响因素

影响汉语教师文化传播的因素有很多，宏观因素有政治、经济、文化、地理环境、气候等；微观因素有传播空间环境的舒适度、接受者了解中国文化的意图等；客观因素有文化传播环境等；主观因素有汉语教师的性格及其在中国文化上的偏好、跨文化适应能力等。下文将对相对比较重要的文化因素和心理因素进行论述。

1. 文化因素

汉语教师要传播的内容是中国文化，而且是将其传播到另一种文化环境中去，属于跨文化传播。两种文化之间的差异直接造成了文化传播的障碍。因此文化因素是影响汉语教师文化传播效果的关键。关世杰认为文化由认知体系、规范体系、社会关系和社会组织、物质产品、语言和非语言符号等几类要素组成。其中认知体系、规范体系、语言和非语言符号等对汉语教师的文化传播有极其显著的影响。

（1）认知体系

认知体系包括世界观、价值观、思维方式、宗教信仰、伦理秩序、审美观等方面。中国文化与接受者所代表的文化（如西方文化）在认知体系上有差异，其个体观察、认识世界的角度和方法就不同，评价是非、好坏的标准也不同。比如中国文化有天人合一的思想,重视集体、相互依靠和相互帮助,西方文化注重征服自然,突出个体,重视自强自立;中国人说话和表达感情委婉含蓄,倾向于求稳,西方人说话直来直去,表达感情也直率外露,倾向于求变。再如,中国人偏好形象思维,注重直觉体悟,综合考虑,西方人偏好抽象思维,注重逻辑分析。偏好形象思维也使中国人所写的文章形象、生动,显得浓墨重彩,同时在篇章结构上习惯于交代来龙去脉,讲究起承转合,但这些在西方人看来缺乏清晰具体的陈述,也缺乏对重点信息的强调和清晰传递,从而影响了中国文化传播的清晰性和有效性。这些认知体系上的差异很有可能影响接受者对中国文化的态度和理解程度。

作为传播者的汉语教师,要了解、理解、尊重和恰当把握接受者的世界观、价值观、思维方式等认知体系,积极寻找其与中国认知体系的共同点,比如爱好和平、公平、正义等,以此为基点进行文化传播,否则文化传播效果会受到很大影响。比如中国文化中的含蓄可能被认为是没有诚意,曲线思维可能被理解为思维混乱,所以汉语教师在开展讲座和演讲时要以欧美人的直线思维来阐述中国文化,第一句话就点明主要观点,将该观点拆解为分论点,使用事例逐个论证分论点,阐释主要观点。

(2)规范体系

规范体系即人们的行为准则,既包括一些明文规定的法律条文、规章制度,也包括约定俗成的准则,比如道德、风俗习惯等。中国文化与接受者所代表的文化在规范体系上有差异,这就造成了同样的事物或行为可能有完全不同的理解,容易出现跨文化传播的障碍。比如酱豆腐和臭豆腐是中国很多地方的风味小吃,但欧美人就难以接受;阿拉伯国家男女在大街上不能亲吻,但欧美人就能接受这种行为。汉语教师在海外传播中国文化时不仅要了解和遵守所在国家和地区的法律条文、规章制度,还应了解和遵守所在国家和地区的风俗习惯、宗教禁忌等不成文的准则,规避法律和社会道德风险,避免造成文化冲突或摩擦,以保证文化传播的有效性。

(3)语言和非言语符号系统

每一种民族都有自己的文化和语言,也都有自己的非言语符号系统。同一个事物或概念在不同的文化中往往有不同的言语表达,同一个语言或非言语符号在不同的文化中也可能表示不同的意义范畴。汉语教师进行的文化传播,属于跨文化传播。中国文化的信息符号由属于另

第七章　汉语国际教育与教师跨文化交际能力提升

外一种文化的接受者来接受和解读,其中的很多意义信息可能就会有所改变(包括意义失落、意义改变、意义增加等情况)。比如摇头,在斯里兰卡等国家的文化中表示肯定;伸大拇指,在希腊文化中表示"滚蛋";在英语中,"龙"翻译成"dragon","红"翻译成"red","猫头鹰"翻译成"owl",这些单词的意义与中文词语的原意有一定的偏差,因为中国文化中的很多事物、概念,在另一种文化中根本就不存在,翻译时只好用相近的词语、概念来表达,意义当然就会发生改变。另外,不同语言的句子成分顺序也不同,有的是"主语—动词—宾语",有的是"主语—宾语—动词",还有的是"动词—主语—宾语"。语序在汉语中是一种重要的语法手段,一旦翻译成其他语言,就有可能丢失很多意义。

爱德华·霍尔曾把文化分为高语境文化和低语境文化两类。在高语境文化中,语言信息的意义高度依赖于语境、个人行为、社会价值体系等方面,仅凭语言本身无法清晰表达意义;在低语境文化中,语言信息的意义对语境、个人行为、社会价值体系的依赖程度较低,仅凭语言本身就能比较清晰地表达意义。中国文化属于高语境文化,西方文化属于低语境文化。

正因为不同文化在诸多方面存在差异,汉语教师在传播文化时要特别注意了解接受者所属文化各方面的情况,做到知己知彼,尽可能提高中国文化传播的有效性。

2. 心理因素

人的心理其实也受各自文化的影响,比如刻板印象、民族中心主义等。心理因素在很大程度上影响汉语教师文化传播能力的发挥。

(1)刻板印象

刻板印象是一种文化中的民众对另一种文化中的民众相对比较简单的、忽略细节的、稳定的认识或看法,比如人们普遍认为中国人勤奋、好客、善于忍耐,美国人开朗,法国人浪漫、有激情,英国人矜持、有礼貌,犹太人聪明、善于理财,德国人规则意识强,等等。刻板印象既有合理的方面,也有不合理的方面。除了相对简单以外,刻板印象还带有一定的感情色彩,以致民众往往不愿再鉴别就直接进行判断,倾向于以偏概全。刻板印象一旦形成,很难被消除或改变,同时它也严重影响文化传播的有效性。

汉语教师的文化传播是展示和解释中国文化,使接受者能够感知和理解,进而改变自己相应的态度和行为,这些接受者在感知中国文化之前,几乎都对中国文化形成了刻板印象,即通过间接了解,受其他人影响(包括本国媒体的宣传,家人、朋友的转述等)而形成的一种比较固定的观念。当然,作为传播者的汉语教师也可能形成对接受者及其文化的刻板印象。

如果接受者对中国所持的刻板印象比较负面,其感知和理解中国文化的动机往往会被削弱,使其不愿再有进一步了解中国文化的兴趣,当然也就很难再对中国文化形成较为全面、客观的认识,甚至会产生偏见或歧视性的行为。相反,如果接受者有关中国文化的刻板印象比较正面、积极,将大大有利于汉语教师进行文化传播。汉语教师如果对接受者的文化存在刻板印象,也可能会做出错误的判断和选择,这些都会影响文化传播的有效性。

在传播文化的过程中,汉语教师首先要克服自己的刻板印象(如果有的话),然后在调查的基础上面向接受者有针对性地展示和解释中国文化,力求帮助接受者消除有关中国文化的刻板印象,纠正其偏见。

(2)民族中心主义

除了刻板印象以外,民族中心主义也是对汉语教师文化传播影响较大的一个心理因素,值得注意和警惕。所谓民族中心主义,就是按照本民族文化的观念和标准去理解和衡量他族文化中的一切,包括人们的言谈举止、交际方式、社会习俗、管理模式及价值观念等。这种心理有时是有意识的,有时是无意识的。它容易使某个民族或文化的个体不能客观、公允地评价其他文化,从而得出不正确的认识或结论。民族中心主义的积极作用是能使本民族或文化成员凝聚在一起,团结一致,有自豪感和荣誉感,也有利于民族或文化传统的有效传承;其消极作用,是容易对其他民族或文化产生误解,不能全面、客观地了解和对待其他民族或文化,甚至试图改变其他民族或文化的某些方面,造成较远的交际距离。

在跨文化传播过程中,有些人往往有一种心理错觉,认为我们的文化优于对方的文化,总是认为对方应放弃他们的文化,接受我们的文化,这就是民族中心主义的体现。汉语教师文化传播是跨文化传播,地点发生在各个不同的国家和地区。有些民族或文化的成员在作为接受者时常常伴随强烈的民族中心主义,往往表现为对他国文化持漠不关心的态度,以及言语反馈时带有轻视的语气,这可能会引起汉语教师的不快,进

第七章 汉语国际教育与教师跨文化交际能力提升

而影响到文化传播的有效性。在欠发达国家和地区进行文化传播时,个别汉语教师也有可能会有民族中心主义,对待接受者有回避、轻视、不以为意等不友好的行为和态度,引起接受者的反感,也会影响文化传播的有效性。

汉语教师首先要摒弃民族中心主义态度,树立多元主义文化观,避免用中国文化的种种标准去衡量和评判其他文化,尊重每一种文化的价值和意义;同时,要积极引导接受者把中国文化放在其所处的中国社会环境中去看待和评论,尽力避免民族中心主义对文化传播产生不利影响。正如费孝通提出的"各美其美,美人之美,美美与共,天下大同"。

(三)汉语教师文化传播能力的提升

明确了汉语教师文化传播能力的内涵和影响因素以后,汉语教师可以从以下几个方面提升自己的文化传播能力。

1. 形成国际化视野和多元文化价值观,尊重文化差异

在传播文化之前,汉语教师首先要有国际化视野和多元文化价值观,尊重不同文化之间的差异(比如思维方式、价值观念、风俗习惯、宗教和法律、审美心理等方面的差异),尊重其他民族的感情,尽量摒弃自己原有负面的刻板印象,"唤醒"跨文化的自我,这是成功进行跨文化传播的前提。

要保证文化传播的有效性,汉语教师要在尊重文化差异的基础上,主动了解对方文化的特点,调整文化传播的方式和策略,增强中国文化跟对方文化的共享性,以保证中国文化更有效地传播,否则在文化传播过程中可能会遇到障碍。

那么如何形成国际化视野和多元文化价值观呢?汉语教师可以通过阅读民俗学、地理文化方面的书籍杂志,观看民俗方面的纪录片等方式了解其他文化的价值观;通过旅行等方式在实践中记录自己与其他文化群体的人进行交往的经历,反思自己遇到的文化冲突,看是否做到了相互尊重和欣赏;通过观看电视、电影等对其他文化的呈现和介绍,看自己是否比较辩证地认识到了其他文化的优点和缺点,同时也思考媒体对其他文化的呈现是否客观;逐步养成理性的"延迟判断",即利用时间的

推迟来避免情绪干扰和主观判断,以便进行更为理性的审视;以积极、开放的心态对待中国文化;多换位思考;等等。

  2. 减少跨文化传播中可能出现的文化损耗

  文化损耗,又叫文化折扣,是指某一文化内容在被翻译转换成另一种文化符号来传播时所造成的内容减少或改变。汉语教师所传播的中国文化与接受者所代表的文化是不同的、有巨大差异的,而且接受者的汉语水平往往还不足以完整、准确地理解中国文化,因此有相当比例的中国文化是通过翻译的方式进行间接传播的。在这一过程中,由于翻译是一种人为的文化干预,所要传播的中国文化内容会在翻译和解码的过程中出现损耗,因此会造成所要传播的中国文化内容与接受者感受到的中国文化内容不对称。如果接受者能够正确理解,传播是有效的;如果接受者不能理解,或者出现误解,则传播是无效的,甚至效果是适得其反的。

  那么如何最大限度地减少这种因为翻译而造成的文化损耗呢?就是让传播内容和接受者处在同一文化环境中,即要么处在中国文化环境中,要么处在接受者所代表的文化环境中。基于此,汉语教师有两条路径可以最大限度地减少文化损耗:第一条是让接受者的汉语水平达到理解中国文化的程度。这条路径比较难,因为接受者不仅有学生,还有学生家长、社区民众、当地同事等可能连一句汉语都不懂的个体。第二条是汉语教师让传播内容和接受者处于同一文化环境中,以便接受者直接理解。这条路径对汉语教师要求很高,汉语教师除了要精通接受者的母语以外,还要先体验、接受他们的文化,尤其是在中国文化与对方文化差异较大的地方,汉语教师要从接受者的角度出发,站在接受者的文化立场上来阐述和理解中国文化,增强两种文化之间的接近性,提升它们的近似度,这样既能保留中国文化,也能减少文化损耗,提升接受者的感知度、理解度和接受度。

  汉语教师还可以以超文本链接的方式或提前发放背景资料的方式,力图使中国文化在传播过程中尽可能地减少损耗,甚至能保质和增量。比如仅仅呈现中国传统文化的符号"长城",接受者往往可能会将其理解为一种"墙",有封闭、隔绝的意味,而文化交流是需要沟通、联系、开放、探索的,如果加一个链接或背景说明,就有可能消除这类误解,在一定程度上减少文化损耗。

第七章 汉语国际教育与教师跨文化交际能力提升

3. 遵守理性原则,坚定文化自信和自尊,做到文化自觉

客观来讲,从事中国文化传播的汉语教师大多数是中国人。在向世界展示和传播中国优秀文化时,汉语教师要有文化自信,要表现出自己的热爱。在面对接受者所代表的文化时,汉语教师更要根植于自己的中国文化特征,坚定文化自信和自尊,认清文化发展的差距,勇于展示和敢于交流。

这里的"坚定文化自信和自尊",并不是要固守中国文化的一切,也不只是基于工作需要进行合乎目的性的呈现,而是理性客观,坚信自己文化的优点,避免自大和自闭,也承认自己文化的弱势,但不自卑和盲从,而是开放自身,虚心去倾听和了解接受者对自己文化的评论和反馈。无论是优点还是缺点,汉语教师都要明白其来龙去脉和发展趋向,持不卑不亢的态度,遵守理性原则,尊重对方的文化,以一种平等交流的态度进行文化传播。

文化自觉是指自觉认识到各种文化的价值、意义和弱势,体现不同文化间的平等、交流、互补和发展。汉语教师在传播中国文化的过程中也要做到文化自觉,既不自高自大,表现出民族中心主义,也不妄自菲薄,觉得自己文化各方面的发展程度都不如对方文化,要秉承"和而不同"的理念,自主、平和地进行跨文化传播。

总之,汉语教师要有一种文化传播的责任感,遵守理性原则,坚信中国文化的优点和特色,在充分了解接受者思维方式和风俗习惯的基础上深入探索文化传播的途径、方法、手段、技巧等,以恰当的方式进行传播。

4. 掌握文化传播的具体策略

汉语教师可以积极了解和掌握一些文化传播的具体策略,比如文化共性策略、国际化表述策略、本土化策略、陌生化策略等,以提升自己的文化传播能力,促进中国文化的传播。

(1)文化共性策略

文化共性策略是指汉语教师在传播中国文化时要淡化中国文化与接受者所属文化之间的差异,积极寻找两种文化中的共同点和契合点,比如爱情、亲情、友情、善良、家庭、坚强、勇敢、奋斗、好奇、探险、社会民生、自然环保、关怀弱势群体、追求公平正义、普通人的积极进取心等这些永恒话题,让接受者觉得所传播的内容在自己的文化中也有,跟自己有关联,而且可以对比自己文化中相应的内容进行学习,从而更容易接受和理解。

从传播学的角度来看,在跨文化传播过程中,接受者会倾向于选择了解甚至接受一些与自身经验或文化相近的内容。人类生活的共同本质使各种文化具有一定程度的相似性和共通性,中国文化中同样包含着能够被其他文化认同和接受的主题和元素。汉语教师可以先了解接受其他文化的文化习俗、文化价值观等基本文化信息,再结合中国文化中类似的文化特征和行为,寻找两种文化交流的历史和现实,确定所要传播的文化内容,在此基础上,结合中国文化中具有地域性、民族性特色的内容(如建筑、服饰、礼仪、艺术、风俗人情等),形成典型的既有民族特色又有文化相似性和共通性的题材内容,引起接受者的共鸣,从而提高文化传播的有效性。

(2)国际化表述策略

国际化表述策略是指汉语教师对所要传播的中国文化内容进行编码时尽可能采用世界性符号,简单地说就是"民族化的内容,国际化的表述"或者"用国际语言讲述中国故事"。跨文化传播的关键在于接受者能否对接收到的信号或符号系统进行解码并正确理解。如果采用世界性符号(比如图片、音乐、生活视频、纪录片、电影等)来编码具有中国特色的文化内容,接受者更容易识别、解读,并进行深层理解,尤其是生活视频、纪录片和电影,有画面、镜头、色彩、语言等大量文化信息,能提高文化传播的直观性和效率,这种形式更容易被世界各地的接受者所感知、理解和接受,进而使他们对中国文化产生兴趣。否则接受者可能难以明白其意义,尤其是像中国文化这类高语境文化。国际化表述策略成功运用的典型例子是国际版的《故宫》纪录片。

当然并不是说要把中国文化全部进行国际化编码,用以传播的中国文化最好既有国际化编码和表述,也有民族特色的本土化编码和表述。那些有中华民族特色的诗词、民歌、书法、国画、戏剧、音乐、建筑等,就可以用中国符号与世界性符号相结合的方式进行传播。比如对诗歌的传播,既可以通过吟诵的方式,也能以翻译的方式呈现,甚至可以用音乐的形式来传播;再如传播中国古典音乐,可以先用接受者母语进行相关主题的介绍,再播放原声的音乐;等等,采用多种形式,将传统文化推向世界,让接受者从各个角度全面了解中国文化,提高文化传播效果。

(3)本土化策略

本土化策略是指将中国文化内容融入新的文化环境之中,用当地接

第七章 汉语国际教育与教师跨文化交际能力提升

受者认同的方式(或者说更习惯的方式)进行传播,保证对方听得懂、听得进,做到潜移默化、润物无声。

传播中国文化时,汉语教师要充分利用所在地区的本土资源,贴近所传播国家和地区的本土文化,贴近接受者对中国文化的兴趣点,根据本土文化背景选择恰当的文化传播方式。比如用当地政府或某个名人关于中国文化的观点作为开头论述或呈现观点,让接受者用汉语给《泰坦尼克号》《阿凡达》等经典电影配音。在欧美国家和地区开展文化讲座时,汉语教师的叙述要尽量符合接受者的直线思维,直接说明事物的文化内涵,避免让接受者产生理解困难。

汉语教师可以先了解当地接受者的认知、审美、情感等方面的民族心理特点,积极寻找中国文化与当地文化的契合点,以及接受者对中国文化的兴趣点和了解需求,然后再根据当地接受者所属的文化特点对中国文化传播的策略和方法进行调整。

一般来说,中国文化与当地文化的契合点是中国当前的发展情况(比如政治、经济、民众生活等)和中国人对世界性热点的看法(比如环境保护、反恐问题)等。接受者对中国文化的兴趣点一般是中国传统文化(比如书法、绘画、京剧等)和当前中国的现实问题(比如法律法规、教育城镇化等)。

(4)陌生化策略

陌生化策略是指将所宣传的中国文化中某些大众性的元素去除掉,留下(或增加)让接受者感觉新奇、陌生的一面,以激发接受者的兴趣增强传播效果。陌生化策略成功运用的典型例子是纪录片《舌尖上的中国》,它将人们非常熟悉的一些食物陌生化为一个个人物故事,既有陌生的故事情节,也有陌生的叙述视角,使国内外的接受者颇感兴趣。

接受者尤其是西方的接受者,往往会觉得东方文化比较神秘,选取一些具有中国特色的古典文化题材,以及接受者所不知道的普通中国人日常生活的题材,也是陌生化策略的一种表现。

汉语教师在选择主题时应立足于中国文化的特色部分,使内容既在接受者的经验范围内,又采用陌生化的策略,让接受者有新鲜感,甚至觉得眼前一亮,然后再整合不同资源,从不同的角度进行介绍。

(5)细节化策略

细节化策略是指汉语教师在传播中国文化时应关注细节,以细节化的方式(比如具体、形象的实例)进行全方位、立体式的表述和传播;把现实生活中小人物丰富多彩的故事"原汁原味"地呈现给接受者,多用描述式语言,少用概括式语言,少一些空洞的数字和结论;尽可能详细地交代文化故事的背景(可以采取超文本链接的方式或提前发放背景资料的方式),而不是让接受者用自己的想象或生活经历去填补。

  汉语教师进行的文化传播,不是强制传播,更不是文化征服,要注意把握文化发展与传播的规律,通过潜移默化、关注细节等方式去促进文化传播。比如通过关注普通人的生活,突出东西方在具体个人方面的共识(比如追求卓越),体现出共享性,同时又在家庭观念、群己关系、伦理秩序等方面体现出中国文化的独特性。再如以具体情景作为普通人的生活场景,用不同的故事串联呈现社会生活状况。

  汉语教师所要传播的中国文化很多方面,比如经济发展、文化发展、普通民众生活、环境保护、科技发展等,都可以采用细节化策略,以普通个人的视角切入,以讲故事的方式呈现,以具体情境来承载故事,以人类共同的情感作为主旋律,配以中国文化的特色进行传播,这既符合西方接受者的具体性思维习惯,也是人本化传播理念的体现,往往能达到较好的宣传效果。

  总之,汉语教师传播中国文化时要多一些客观性、人文性、故事性、情境性,少一些说教味、宣传味、政治味,使用具体、实在、朴素、生动、鲜明的语言,力求贴近社会现实和大众生活,让接受者觉得亲切、自然、鲜明、准确。

(6)典型化策略

  典型化策略是指将某类中国文化的多种特征,集中体现在某个中国人(或中国家庭、事件)上的策略,突出某类事物中最为典型的个体或个案,使接受者通过典型个体或个案全面、深入地了解该类事物,以提高文化传播的效果。比如以故宫为典型介绍中国的建筑,以西安为典型介绍中国的历史文化名城,等等。

  汉语教师所从事的文化传播,有经济和时间等方面的成本制约,不可能呈现所有的中国文化内容,这也要求汉语教师选择某类事物的核心内容,赋予其典型化特征,提高文化传播的效率。

  此外,汉语教师还可以选择利用新媒体、自媒体等现代传播媒介或利用日常生活、工作实践中的人际交际来进行文化传播。

第二节　跨文化交际下的汉语国际教师专业化发展

一、理论指导实践

(一)坚持终身学习

随着人工智能、虚拟现实等技术的飞速发展与泛在学习[①]等理论的广泛传播,我们的社会正在向学习化社会转变。信息与知识的快速更新要求教师必须贯彻终身学习的理念,保证自己的教育理论、教育原则、教学内容、教学方法紧随时代的步伐前进,并能够将其创造性地运用到教学实践中。

(二)积极参加各种学术活动

学术活动(如学术会议、学术交流会、经验分享会、进修项目等)为教师提供了合作交流的平台,有助于实现教师群体的共同成长。教师应积极参与,主动了解本学科的前沿研究、最新动态与科研热点,加强沟通,互相勉励,提升理论素养,推动学科发展。

二、实践促进理论学习

(一)完善教育理论

"实践是检验真理的唯一标准。"尽管优秀教师已经结合自己的经验

---

① 泛在学习,又名无缝学习、普适学习、无处不在的学习等,指每时每刻的沟通,无处不在的学习,是一种任何人可以在任何地方、任何时刻获取所需任何信息的方式。

总结出了行之有效的教学方法与教学模式,但是不能机械地照搬照抄、止步不前,而应秉持客观的态度,吸收其中科学的教学规律为我所用,针对存在的问题与不足做出改进,以指导今后的教学实践。

如果储备的理论与观念不能帮助自己妥善地解决问题,教师务必要从实际情况出发,结合自己的教学经验,对已有的内容进行完善,边实操边补充,并积极学习新理论,实现实践与理论的相互促进。

(二)整合教育理论

所谓"整合",是以教与学的知识框架为纲,对当代教育理论在特定学科环境下的应用研究进行梳理,综合各自的长处,归纳出可供教学实践参考的具体原则与方法,达成 $1+1>2$ 的目标。这体现了教学理论、学习理论、教学实践三方的和谐交融,是以实操为导向的有机统一,也是对教育理论的又一次升华。

(三)创新教育理论

创新,既要继承前人的理论成果,又要突破前人的理论框架;既要有所吸收、有所借鉴,又要有所作为、有所发现、有所前进、有所创造;既要源于实践,又要归于实践。教师必须认识到创新的巨大意义,并深谙教育理论创新不能停留在课堂上,而要从实践中激发、由实践推动、经实践检验的道理。

三、形成独特的教学风格

(一)教学风格的特点

1. 个性鲜明

任何一种教学风格都有自己的个性,它通过教师的态度、气质、文化修养、惯用方法等一系列内外在特质透露出来,主要表现为教学语言、体

第七章　汉语国际教育与教师跨文化交际能力提升

态表情、组织手段、上课节奏等的别具一格与教育智慧、创新意识、探索精神等的独树一帜。

2. 相对稳定

教学风格一旦形成,便会进入一个相对稳定的阶段。即使面对不同的教学环境、教学对象和教学内容,具有鲜明教学风格的教师也总能以熟悉的方法与技巧得心应手地处理各种突发情况,在不经意间彰显非凡的人格魅力。应该说,稳定性是教师教学艺术成熟的重要标志。

3. 持续发展

教学风格的稳定并不意味着教师在教学追求上故步自封,而是在稳定中求发展。只要教师的教学实践没有画上句号,教师便能够不断积累教学经验、发展教育智慧,使自己的教学风格进一步完善和丰富。

(二)教学风格的构成因素

1. 基础因素

教学风格的基础因素包括教师的教育理论素养、文学文化素养与心理素养,它们共同构成了教学风格的根本。教育理论素养指教师能以先进的教育理论武装头脑,树立与时俱进的教育思想和教育理念,并将其融入自己的教学实践中来;文学文化素养指教师具有深厚的文学文化知识储备与一流的文学修养水平,可以通过旁征博引激起学习者对中华文化的兴趣;心理素养则指教师具备高超的认知水平(如感知事物的能力、观察力、记忆力、言语表达能力等)、充沛的情感(如意志力、情绪控制力、移情能力、激情等)与平易近人的个性(如爱好、性格、气质等),拥有令人尊敬与信任的特质。

2. 内部因素

内因是变化的根据。教学风格的内部因素指教师对教学艺术主动探索、追求的精神与行为,是构成因素中最活跃的部分。举例来说,有的教师生性活泼，能歌善舞，擅长与学生沟通和营造良好的课堂氛围；有的教师教学基本功扎实，思维敏捷，计算机技术娴熟，可以最大化地利用教学时间；有的教师细声慢语，上课娓娓道来，板书清晰美观，使学生赏心悦目、沉浸其中。无论是哪一种教师，他们都具有成长的潜力与空间，都能够在长期的磨炼之后形成最适合自己的教学风格。教师只有认清自己，才能找到前进的方向。

3. 外部因素

外因是变化的条件。教学风格的外部因素主要指社会需求、学生实际情况等，它们会对教学风格产生一定的制约作用。例如，现代教育强调以学生为中心，鼓励学生积极性、主动性、创造性的发挥，要求教师在课堂教学中不能以传授知识为主，而应将精力放在操练与实践上。又如，外语教学界推崇交际法和任务型教学法，反对过多的机械性练习与脱离实际的操练，突出以功能为主、在做中学的教学理念。再如，班级学生的国籍构成存在差异时，教学的侧重点也应有所不同，以东南亚或日韩学生为主的班，教师需要加强学生的听说训练。

（三）教学风格的形成

教学风格的形成需要一定的过程，我们可以将其大致分为以下几个阶段：

1. 学习阶段

在学习阶段，教师需要学习系统的教育学、心理学知识，理清各种理论的基本框架、观念本质及其现实意义，自觉灵活地以此指导自己的教学活动，了解国内外各教学法流派的渊源、特点及方法等，理清其中的逻辑关系，吸取值得借鉴的部分为我所用，观摩优秀教师的课堂或实况录像，直观感受优秀教师的教学风格。

2. 模仿阶段

模仿是新手教师必经的环节，它既能保证教学计划的顺利完成，又能使教师在潜移默化中熟悉课堂教学的基本模式。许多教学单位在对新手教师进行培训时往往会采取"传帮带"的方式,就是为了请经验丰富的熟手们如同师傅带徒弟般,引导新人成长。这一阶段的特点在于,新手教师的教学总是折射着其师傅的影子,很少表现出确定而显著的个人色彩。

只有以循环往复、淋漓尽致的模仿为基础,教师才有可能达到熟能生巧、融会贯通的境地。但是新手教师绝不能止步于模仿,还必须与纵深的自我内省相结合,经过反思之后的再实践,才是教师形成自我风格最为关键的一步。

3. 探索阶段

经过长期的学习、模仿、自我修正之后,教师会有意识地开始探索属于自己的教学风格。这一阶段教师要结合自身的个性、天赋、才能、自身条件,认真思考,从实际出发,选择最适合自己的教学模式,并为之不断努力。

4. 形成阶段

当创造性的实践经验积累到一定程度时,教师不会再去刻意模仿谁,也不会再将目光仅仅局限于"好"的方法,而是会形成一整套专属于自己的、自然流畅、相得益彰的教学风貌与心理定式。这样的教师具备鲜明的个人色彩、出众的人格魅力与炉火纯青的教学实力,在各个教学环节中都有独特的、稳定的表现。

(四)教学风格的表现形式

课堂为教师提供了展示教学风格的舞台,我们通过对课堂教学活动构成要素的分析,提炼出了教师教学风格的一些具体表现形式。

1. 教学语言

教学语言是教师传递知识、交流沟通的主要工具。教师的语音、语调、语速、课堂用语等都承载着其教学风格,体现着其教学智慧。有的教师说话声音洪亮、抑扬顿挫、不急不缓,用词简明规范,为学生创造了舒适、优美的课堂语言环境;有的教师虽然语速偏快或偏慢,但是能为学生所适应和接受,这也不失为一种个人特色。学生一旦适应了、认同了,教师的教学风格也会因此趋于稳定。

2. 教案

教案是教学的蓝图,也是教师备课、备学生、备教材的智慧结晶,综合体现了其教学思路、教学方法与技巧以及教学风格。优秀教师的教案如同一件精雕细琢的艺术品,能将其所具备的隐性知识显性化,并蕴含着教师的深厚经验与积累。特别是目前已经普及化的PPT形式的电子教案,将教师的教学艺术与计算机辅助技术完美地结合在了一起,以多模态手段丰富了教学内容,增强了课堂真实感,提高了教学效率。

3. 教学管理

教学管理指教师驾驭学生与课堂活动、创造良好学习氛围的实操艺术。优秀的教师往往具备贯穿教学全过程的课堂调控能力,能够在始终不偏离教学核心内容的前提下,鼓励学生张扬个性、主动表现,充分调动其积极性和注意力,构建和谐的班级氛围,在看似活跃、松散的教学环境中,润物细无声地完成既定的教学任务。

4. 优化教学结构

优化教学结构是指从教学目标出发,通过教学设计,将教学过程中的各个要素有机地组合在一起,实现教学效果的最优化。教师必须努力使教学步骤自然连贯、动静相宜,教学流程讲练结合,在张弛有度与井然有序中达成教学目标。

5. 讲台形象

讲台形象指教师在讲台上的举止表现,可以通过教师的眼神、表情、手势、体态、板书、动作等因素表现出来,是教师思想品质、文化素养、精神面貌、心理气质等的集合。有的教师亲切温柔,善解人意,始终以真诚的心态与学生交流;有的教师内外兼修,谈吐中透露着非凡的个人修养;有的教师板书清晰,操作准确,为人做事不拖泥带水;有的教师衣着得体,搭配协调,彰显中华文化之美。这些教师都能够令学生有舒适感,并激发他们对汉语学习的热情。

参考文献

[1]何建作.高校汉语国际教育探索[M].长春:吉林人民出版社,2021.

[2]苏文兰.汉语国际教育可持续发展研究[M].北京:科学出版社,2021.

[3]施春宏.国际中文教育理论与实践 汉语教学理论探索[M].北京:商务印书馆,2021.

[4]姜丽萍.国际汉语教师能力与资格丛书 汉语课堂教学(第2版)[M].北京:北京语言大学出版社,2021.

[5]王晓音.国际汉语教师素质研究[M].西安:陕西师范大学出版总社,2020.

[6]张旺熹,郭鹏.汉语国际教育学报第8辑[M].北京:科学出版社,2020.

[7]唐柳金.中国文化与汉语国际教育[M].北京:九州出版社,2020.

[8]刘冰冰.汉语国际教育概论[M].北京:国家开放大学出版社,2020.

[9]李睿.跨文化视域下汉语国际教育研究[M].哈尔滨:哈尔滨出版社,2020.

[10]杨学民,郭骏.中华成语文化与汉语国际教育研究[M].南京:南京师范大学出版社,2020.

[11]陈爽.汉语国际教育与中华文化国际传播[M].长春:吉林文史出版社,2020.

[12]任晓霏.跨文化交际与国际中文教育[M].南京:东南大学出版社,2020.

[13]李春雨.中国当代文化传播与汉语国际教育[M].北京:文化艺术出版社,2019.

[14]刘继红.汉语国际教育视域下的跨文化传播[M].上海:中西书局,2020.

[15]郭睿.国际汉语教师研究[M].南宁:广西教育出版社,2019.

[16]雷婷.新时期汉语国际教育教学研究[M].长春:吉林文史出版社,2019.

[17]李维.跨文化交际视野下汉语国际教育教学实践研究[M].延吉:延边大学出版社,2019.

[18]赵娟.对外汉语教学传播路径与跨文化交际模式探究[M].北京:中国水利水电出版社,2019.

[19]陆俭明.话说汉语走向世界[M].北京:商务印书馆,2019.

[20]张宁.跨文化交际与对外汉语教学研究[M].南京:江苏凤凰美术出版社,2018.

[21]闫春慧.跨文化交际下的对外汉语教学及其创新发展探究[M].上海:上海交通大学出版社,2018.

[22]王丕承.汉语国际教育师资格培养理论和实践问题研究[M].北京:中国书籍出版社,2018.

[23]吴莉.传播学视阈内的汉语国际教育研究[M].长春:东北师范大学出版社,2018.

[24]刘娟,朱耀顺.汉语国际教育实践研究[M].北京:人民日报出版社,2018.

[25]李东伟.汉语国际教育专业本科生人才培养现状研究[M].长春:吉林出版集团股份有限公司,2017.

[26]王文娟.跨文化交际与对外汉语教学研究[M].长春:东北师范大学出版社,2017.

[27]孙宜学.汉语国际教育与中外文化交流[M].上海:上海三联书店,2017.

[28]季狄,毛雪,王达萌.全球化背景下汉语国际教育与传播[M].北京:光明日报出版社,2017.

[29]李泉.对外汉语教学思考集[M].北京:北京语言大学出版社,2017.

[30]阮桂君.跨文化交际与实践[M].武汉:武汉大学出版社,2017.

[31]李燕.汉语国际教育规划论集[M].天津:南开大学出版社,2017.

[32]余江英."互联网+"时代的汉语国际教育[M].西安:西北工业大学出版社,2016.

[33]隋虹.跨文化交际与文化习俗[M].武汉:武汉大学出版社,2016.

[34]杨晓黎.汉语国际教育实训教程[M].北京:高等教育出版社,2015.

[35]王丕承.汉语国际教育师资任务培养方式[M].北京:知识产权出版社,2015.

[36]傅其林,邓时忠,甘瑞瑗.汉语国际教育导论[M].重庆:重庆大学出版社,2015.

[37]李钧,王曰美.汉语国际教育 中华文化精神的源流、继承与传播[M].北京:北京语言大学出版社,2015.

[38]原一川,等.汉语国际教育学习与教学动机和策略研究[M].昆明:云南大学出版社,2015.

[39]郭鹏,沈庶英.汉语国际教育研究第3辑[M].北京:北京语言大学出版社,2014.

[40]郑继娥,胡明亮.汉语国际教育研究[M].广州:暨南大学出版社,2013.

[41]何长文.汉语言文学与汉语国际教育[M].大连:大连理工大学出版社有限公司,2013.

[42]姜明宝.汉语国际教育人才培养理论研究[M].北京:北京语言大学出版社,2013.

[43]魏红,伊理,段从宇.高校汉语国际教育发展研究[M].北京:科学出版社,2013.

[44]刘谦功.汉语国际教育导论[M].北京:世界图书北京出版公司,2012.

[45]郑承军.汉语国际教育背景下对外汉语师资核心素质研究[M].北京:北京语言大学出版社,2011.

[46]崔永华.对外汉语教学设计导论[M].北京:北京语言大学出版社,2008.

[47]刘艳秋.跨文化交际与外语教学[M].北京:中国科学技术出版社,2007.

[48]吴进业,王超明.跨文化交际与外语教学[M].开封:河南大学出版社,2005.

[49]杨宏,田志强,杨晓峰.跨文化交际与外语教学[M].咸阳:西北农林科技大学出版社,2005.

[50]黄锦章,刘焱.对外汉语教学中的理论和方法[M].北京:北京

大学出版社,2004.

　　[51]刘珣.对外汉语教育学引论[M].北京:北京语言文化大学出版社,2000.

　　[52]罗运久.新时代下汉语国际教育教学任务初探[J].科教文汇,2022(6):56-59.

　　[53]田柳.对外汉语中的中华传统文化传播与教学[J].试题与研究,2022(9):105-107.

　　[54]王学姣.加强汉语国际教育中的中国文化教育[J].甘肃教育研究,2021(8):107-110.

　　[55]李仕聪,符蕊.浅谈汉语国际教育的线上课堂[J].文学教育(下),2021(12):162-163.

　　[56]任蕾.汉语国际教育线上教学模式的探索与思考[J].中国多媒体与网络教学学报(上旬刊),2021(12):66-68.

　　[57]刘亚杰.汉语国际教师的新挑战、新发展、新策略[J].现代交际,2021(21):37-39.

　　[58]王婉清,李敬巍.汉语国际教育与跨文化冲突问题研究[J].文学教育(下),2021(9):134-135.

　　[59]王晓丹.浅谈文化教育在对外汉语教学中的重要性[J].才智,2018(2):41.

　　[60]杨敬淇.刍议对外汉语教学中文化教育的重要性[J].才智,2016(12):3.

　　[61]褚一亭.文化教学在对外汉语教育中的作用[J].武汉科技学院学报,2008(7):53-56.